성경이 말하는 천국갈사람 지옥갈사람

천국과 지옥 보고서

김완섭 지음

기독교신앙회복연구소

[복음소책자 5]
천국과 지옥 보고서

초판 1쇄 인쇄 : 2019.3.4.
초판 1쇄 발행 : 2019.3.12.
지 은 이 : 김완섭
펴 낸 이 : 오복희
디 자 인 : 이준구
펴 낸 곳 : 기독교신앙회복연구소
등록번호 : 제2018-000044호
등록일자 : 2018년 4월 12일
서울특별시 송파구 마천로 100 C동 402호(오금동)
편 집 부 : 010-6214-1361
관 리 부 : 010-8339-1192
팩   스 : 02-3402-1112
이메일 : whdkfk9312@naver.com

ISBN 979-11-89787-03-5 04230
      979-11-963786-4-6 (세트)
CIP 20190006342

한 권 값 8,000원

무단전제와 복제를 금합니다.

머리말

"예수 믿고 천국 가세요!"
"예수 천당 불신 지옥!"

 참 오랫동안 복음을 전하는 사람들이 사용하던 단골 메뉴입니다. '예수 천당 불신 지옥'은 일제강점기부터 교회에 다니던 사람들이 사용해오던 문구로, 오늘날에는 거의 사용하지 않고 있지만, 지금도 열정적인 전도자들 중에는 이 문구로 복음을 전파하는 사람들이 많이 있습니다. 이런 모습을 보고 너무 시대에 뒤떨어진 전도라고 하는 분들도 있습니다.

 하지만 '예수 천당 불신 지옥'보다 기독교의 진리를 더 압축할 수 있는 말은 없을 것입니다. 왜냐하면 기독교는 천국복음이기 때문입니다. 최종목적지인 천국에서 영원토록 살기 위해 지상에서 믿음으로 살려고 할 때 일어날 수 있는 어려움들을 이겨내고 있는 사람들이 바로 기독교인들입니다. 지상에서의 삶은 영원한 천국에 비하면 아주 짧은 삶일 뿐입니다. 이 땅에서 조금 어렵더라도 천국에 가서 영생할 것을 믿고 하나님의 뜻대로 살려고 애쓰는 사람들이 바로 기독교인들인 것입니다.

'예수 천당 불신 지옥'은 사실은 교회에서 만들어낸 말은 아닙니다. 그 말은 바로 예수님께서 만드신 말씀입니다. 왜냐하면 예수님께서 이 땅에 오셔서 외친 말씀이 바로 그 말씀이니까요. 천국이 가까이 왔으니 회개하고 천국에 가든지 회개를 거부하고 지옥에 가든지 하라는 말씀입니다. 그야말로 '예수 천당 불신 지옥'입니다.
"이 때부터 예수께서 비로소 전파하여 이르시되 회개하라 천국이 가까이 왔느니라 하시더라"(마 4:17)

예수님은 처음부터 천국복음을 전파하셨습니다. 그리고 끝까지 천국복음은 전파하셨습니다. '복음'이란 복된 소식, 기쁜 소식인데 천국이 바로 복된 소식이며 기쁜 소식인 것입니다.
"예수께서 온 갈릴리에 두루 다니사 그들의 회당에서 가르치시며 천국 복음을 전파하시며 백성 중의 모든 병과 모든 약한 것을 고치시니"(마 4:23)

그래서 예수님은 십자가에서 돌아가셨다가 사흘 만에

부활하셔서 이 땅에 40일간 계시면서 주로 하신 일이 바로 천국을 전파하신 일입니다. 그러니까 다른 말로 하면 예수님께서 세상에 오신 목적이 바로 천국소식, 곧 하나님 나라의 일이었던 것입니다.

"그가 고난 받으신 후에 또한 그들에게 확실한 많은 증거로 친히 살아 계심을 나타내사 사십 일 동안 그들에게 보이시며 하나님 나라의 일을 말씀하시니라"(행 1:3)

그리고 예수님은 이 천국에 관한 소식이 온 세계 모든 민족에게 전파될 때에 비로소 종말이 온다는 말씀도 주셨습니다. 그러니까 일제 강점기보다도 훨씬 이전부터, 심지어 지금으로부터 2,000여 년 전부터 '예수 천당 불신 지옥'은 외쳐졌던 것입니다. 그리고 앞으로도 종말이 올 때까지 이 '예수 천당 불신 지옥'은 전파되어야 하는 것입니다.

"이 천국 복음이 모든 민족에게 증언되기 위하여 온 세상에 전파되리니 그제야 끝이 오리라"(마 24:14)

그래서 이 책에서 또한 '예수 천당 불신 지옥'을 전파하게 되는 것입니다. 이 책은 우선 천국의 모습에 대해서 성경에 제시된 한도 내에서 구체적으로 살펴보았습니다. 특기할 것은 영원한 천국을 이 땅에서 누릴 수 있는 길이 무엇인가를 생각해 보았다는 점입니다. 천국이란 현실생활과 전혀 관계없이 어느 날 갑자기 죽어서 가는 곳이 아니라 이 땅에서 천국을 맛보고 누리는 연장선상에서 가는 곳입니다. 그것은 하나님은 우리가 살아있을 때에나 죽었을 때에나 동일하신 분이시기 때문입니다.

지옥의 모습도 성경에서 제시한 대로 상세하게 기술하였습니다. 다만 이 책에서는 교회에 다니는 사람들 중에서도 올바른 믿음을 가지지 못하여 천국이 아니라 지옥으로 떨어질 사람들이 있다는 말씀을 따라 기독교인으로서 지옥에 갈지도 모르는 현상들에 대해서도 깊이 있게 살펴보았습니다. 신학적인 논의가 아니라 다만 성경에 기록된 말씀을 바탕으로 지옥에 대한 경각심을 심어주려고 애썼습니다.

아직 하나님을 믿지 않는 분들은 빨리 회개하고 돌이켜 구원받기를 바라며, 하나님을 믿는 분들은 지옥에 대한 경각심을 가지고 더욱 정신 차려 충성하시기를 바랍니다.

목차

제1부 천국 보고서

1. 천국은 어떤 곳인가?   13
   - 사후의 세계에 관하여
   - 천국이 정말 존재할까요?
   - 천국은 하나님이 다스리시는 곳입니다.
   - 천국은 예수님이 계신 곳입니다.
   - 천국은 하나님의 자녀들이 사는 곳입니다.
   - 천국은 슬픔도 고통도 없는 곳입니다.

2. 천국에는 누가 가는가?   31
   - 심령이 가난한 사람이 천국에 갑니다.
   - 어린아이와 같은 사람이 갑니다.
   - 용서하는 사람이 갑니다.
   - 천국이 우선순위인 사람이 갑니다.
   - 마음에 천국이 임한 사람이 갑니다.

3. 천국에는 어떻게 가는가?   45
   - 회개해야 합니다.
   - 거듭나야 합니다.
   - 예수님을 생명으로 믿어야 합니다.
   - 성령 받아야 합니다.
   - 끝까지 인내해야 합니다.

4. 천국은 실제로 어떤 모습인가? 63
- 이사야가 본 천국의 모습
- 낙원이란 무엇입니까?
- 영원한 천국은 새 하늘과 새 땅입니다.
- 새 예루살렘의 모습입니다.
- 영원한 천국 내부의 모습입니다.

5. 천국에도 상이 있는가? 75
- 담대한 믿음의 상이 있습니다.
- 원수 사랑의 상이 큽니다.
- 겸손의 상도 받을 수 있습니다.
- 하나님을 위하여 행한 일에는 상이 있습니다.
- 상을 받지 못할 때도 있습니다.

6. 지금 어떻게 천국을 누리는가? 89
- 평안을 누릴 수 있습니다.
- 기쁨을 누릴 수 있습니다.
- 쉼을 누릴 수 있습니다.
- 염려하지 않을 수 있습니다.
- 예수님 말씀 안에 거하면 됩니다.

제2부 지옥 보고서

1. 지옥은 어떤 곳인가? 105
- 지옥은 흑암의 구덩이입니다.
- 지옥은 영원토록 불타는 곳입니다.

- 지옥은 풀무 불에 녹는 곳입니다.
- 지옥은 아주 고통스러운 곳입니다.
- 지옥은 고통이 멈추지 않는 곳입니다.
- 지옥은 심히 목마른 곳입니다.
- 지옥은 울며 이를 가는 곳입니다.

2. 지옥에는 왜 만들어졌는가? 123

- 마귀(사탄)의 정체를 아십니까?
- 지옥은 마귀를 가두기 위해 예비되었습니다.
- 지옥은 마귀에게 속한 자들을 위해 있습니다.
- 지옥은 스스로 선택한 곳입니다.
- 지옥은 저절로 가는 곳입니다.

3. 지옥에는 누가 가는가? 135

- 지옥은 보통 사람들이 가는 곳입니다.
- 지옥에는 이단의 교주와 추종자들이 갑니다.
- 우상을 숭배하는 사람들도 갑니다.
- 지옥에는 기독교를 박해한 사람들이 갑니다.
- 예수님을 부인하는 사람들이 갑니다.
- 죄 사함 받지 못한 사람들이 갑니다.
- 거짓 믿음을 가진 사람들도 갑니다.

4. 지옥에는 어떻게 가는가? 153

- 지옥은 심판을 받아서 가는 곳입니다.
- 지옥은 하나님의 권세로 가는 곳입니다.
- 지옥은 예수님의 열쇠로 열리는 곳입니다.

- 지옥은 넓은 문, 넓은 길로 갑니다.
- 지옥에는 행위록의 기록대로 갑니다.

5. 기독교인들도 지옥에 가는가? 167
    - 신앙이 어린 사람과 믿음이 없는 사람
    - 예수님이 삶의 목적이 아닌 사람들입니다.
    - 성공이나 번영만 쫓는 사람들입니다.
    - 외식하는 사람들은 지옥에 갑니다.
    - 돈을 위해 교회에 다니는 사람들입니다.
    - 세상의 왕국을 만들려는 사람들입니다.
    - 예수님의 부활을 부정하는 사람들입니다.
    - 종교다원주의, 종교통합운동입니다.

6. 지옥에는 절대 가면 안 된다. 187
    - 당신의 영혼을 들여다보십시오.
    - 현실 속의 지옥과 사후의 지옥
    - 천국에 가면 됩니다.
    - 기독교인들도 지옥 경고를 받아야 합니다.
    - 기독교인의 정체성을 확립해야 합니다.
    - 신앙의 바리새인화를 막아야 합니다.
    - 세상의 도덕 기준을 철저하게 지켜야 합니다.
    - 명예가 아니라 하나님의 뜻을 구해야 합니다.

제1부

천국 보고서

1. 천국은 어떤 곳인가?

- 사후의 세계에 관하여
- 천국이 정말 존재할까요?
- 천국은 하나님이 다스리시는 곳입니다.
- 천국은 예수님이 계신 곳입니다.
- 천국은 하나님의 자녀들이 사는 곳입니다.
- 천국은 슬픔도 고통도 없는 곳입니다.

▸ 사후의 세계에 관하여

　사람이 죽으면 그대로 소멸되는 것일까요? 아니면 다른 형태로 변화되어 여전히 존재하는 것일까요? 육신이 사라졌을 때 또 다른 의식의 세계가 펼쳐진다는 사실은 많은 임사체험자들에게서 간접적으로 들을 수 있습니다만, 우리들 주변에서도 죽었다가 깨어난 사람들의 이야기를 간혹 들을 수 있습니다. 물론 그렇다고 하더라도 그런 사실들을 의학적, 과학적으로 또는 객관적인 학문이나 증거로 삼을 수 있는 것은 아닙니다. 여기에서는 무당이나 일부 종교에서 흔히 체험하거나 이야기로 전해져오는 것처럼 귀신들의 세계와는 전혀 다르다는 것을 전제하고자 합니다. 사람이 죽어서 어떤 형태로 변화되거나 다른 형태로 남는 것과 악한 영들인 귀신의 이야기들은 차원이 다른 이야기입니다.

　사후세계에 대해 모든 사람들이 다 이해할 수 있는 어떤 객관적인 증거가 있는 것은 아닙니다. 다만 여기에서 조금은 추상적일 수 있는 이야기를 한다면, 예를 들어 사람의 '생각(의식)'이라는 것이 있습니다. 어떤 사람의 생각은 그 사람의 육신이 사라져도 여전히 남아서 다른 사람들에게 영향을 줄 수 있습니다. 이 생각은 사상이나 이념이나 신념 같은 내용이 주로 책이라는 형태로 남아서 많은 사람들을 움직이고 있습니다. 물론 그 '생각'이라는 것이 인류에 아주 좋은 영향력을 끼치는 경우도 있고 악한 사상으로 인하여 온 인류에 해악을 끼치는 경우도 있습니다만, 아무튼 이 '생각'은 사라지지 않고 여전히 살아있습니다.

그렇다면 육신이 사라져버린 채 무형의 형태로 남아있는 '생각'의 주인공들은 어디에 있는 것일까요? 동물들은 이 생각이 전달되지는 않는 것 같습니다. 물론 어떤 특수한 지역의 특정 동물이 특이한 행동양식을 보이는 경우가 있기는 합니다만, 그것은 특정 환경에 오랫동안 적응하면서 자연스럽게 몸에 밴 행동양식이지 생각이 전달되어서 행동으로 굳어진 것이라 할 수는 없을 것입니다. 그런 의미에서 사람은 육신이 사라졌다고 해서 그 자체가 온전히 소멸되는 것이 아니라 또 다른 형태로 남아있는 것은 아닐까 생각할 수 있게 만드는 것입니다.

또 다른 사후 세계를 추정할 수 있는 사례로 우리는 아기의 출생을 생각해볼 수 있습니다. 10개월 동안 모태 속에서 생활하는 태아에게 모태의 환경은 곧 우주전체를 가리킨다고 생각할 수 있을 것입니다. 물론 태아가 그것을 자각한다는 말이 아니라 완전한 환경 그 자체 안에서 살고 있다는 말입니다. 하지만 10개월이 지난 후에 여태까지 살던 환경과는 전혀 다른 세상, 곧 스스로가 산소로 직접 호흡해야 하는 환경으로 급격하게 쫓겨나게 됩니다.

마찬가지로 요즘 보통 90세 이상을 살게 되는 이승의 세계를 벗어났을 때 지금까지와는 전혀 다른 세상을 살아가게 될 수 있다는 말입니다. 물론 아기의 출산과 사람의 죽음을 논리적으로 그대로 적용하자는 것은 아닙니다. 원리적으로 얼마든지 그렇게 볼 수도 있지 않을까 한다는 말입니다. 그리고 이 말은 하나님을 믿지 않는 분들께 드리는 말씀이기도 한 것입니다.

▸ 천국이 정말 존재할까요?

종교를 가지고 있지 않더라도 영의 세계를 믿고 있는 분들은 상당히 많으리라 생각됩니다. 이럴 때 더 관심을 가지게 만드는 것은 사후의 세계가 존재하느냐보다는 사후에 어떤 세계가 펼쳐질 것인가의 문제일 것입니다. 즉, 사후에 천국이 정말 존재하느냐의 문제입니다. 물론 여기에 대해 주관적인 확신을 이야기할 수는 있지만 객관적이고 검증 가능한 방식으로 증명할 수는 없습니다. 기독교는 물론 천국과 지옥을 믿는 종교이고, 대부분의 기독교인들이라면 천국에 대한 확신 정도는 다 가지고 있을 것입니다. 그리고 그런 확신을 가지게 된 과정이나 계기는 굉장히 다양하게 나타날 것입니다.

천국에 대해서 우리가 한 가지 생각할 수 있는 것은 각자 나름대로 삶에서 가장 행복하고 즐거운 시간들을 떠올려보면 쉽게 이해할 수 있지 않을까 합니다. 어떤 형태이든 모든 것을 다 버려도 좋을 만큼 기쁨으로 꽉 채워져 있는 그런 상태 말입니다. 그런 최상의 상태가 영원토록 지속된다고 생각해보십시오. 물론 육신을 입고 있는 인간에게는 불가능한 이야기입니다. 왜냐하면 물질세상에서는 어떤 조건이 사라지면 행복도 시들해지기 때문입니다. 곧 지상에서는 행복을 지속적으로 누리는 것을 훼방하는 조건들이 무수하게 나타난다는 말입니다.

그런데 만약에 이 조건이라는 것이 없어진다면 어떻게 되겠습니까? 육신의 조건 곧 비교의 조건, 권력이나 인기나 명예와 같은 조건들이 다 사라진다고 생각해보자는 말입니다. 그러면 한 번 행복해진 사람은 아무 조건 없이 그 행복을 유지할 수 있지 않겠습니까? 이렇게 행복한 마음이 조건의 영향을 받지 않고 영원토록 지속될 수 있는 곳이 바로 천국이라는 개념인 것입니다. 그러니까 지상에서는 아무리 완전히 행복하다고 해도 육신이라는 조건을 가지고 있기 때문에 수시로 행복이 사라지지만, 차라리 육신이 없는 천국에서라면 그 행복이 영원토록 지속될 수 있다는 말입니다.

천국의 존재를 설명하다가 좀 다른 이야기를 한 것 같습니다만, 육체를 입고 사는 동안에도 우리는 수시로 천국을 경험할 수 있다는 점에 대해서는 대부분 인정할 수 있을 것입니다. 심지어 인생을 불행하게 살고 있다고 생각하는 사람조차 자신이 가장 큰 행복을 느끼는 그런 순간들은 분명히 있었을 것입니다. 우리는 바로 거기에서 천국의 근거를 찾을 수 있습니다. 천국은 전혀 경험할 수 없는, 지상과는 완전히 격리된 그런 곳이 아니라, 심지어 우리의 일상생활 속에서도 경험할 수 있는 곳입니다.

물론 어떻게 보면 궤변에 가깝다고 생각할 수도 있겠지만, 일단 천국은 우리 생활 속에서도 경험할 수 있는 어떤 상태라는 것까지는 인정하자는 말입니다. 그곳이 죽어서 물리적으로 이동해야 하는 장소이든 아니면 단지 의식 속에서만 느껴지는 그런 곳이든 아무튼 어떤 '상태'라는 것은 틀림이 없습니다. 다만 천국은 꼭 경험해야만 믿을 수 있는 그런 곳이 아니라 관계성 속에서 생성될 수 있는 특수한 믿음이라는 점은 분명합니다. 왜냐하면 지금도 수많은 기독교인들은 천국의 존재를 믿고 있으며 사후에 자신이 천국으로 가게 되어 있다는 사실과 그곳이 어떤 곳인지를 구체적으로 믿고 있기 때문입니다.

천국의 존재에 대하여 또 한 가지를 생각해 본다면 사람들이 이 세상에서 행한 행동에 대한 보상이나 심판이 반드시 필요하다는 점입니다. 이 세상에서 온갖 악행을 저질렀어도 그 사람이 죽을 때 갑자기 모든 것이 소멸되어버린다면 그것은 결코 바른 것이라고 할 수는 없습니다. 마찬가지로 세상을 살면서 많은 사람이 전혀 알아주지 않더라도 스스로 진실하게 다른 사람을 열심히 도우면서 의롭게 살았던 사람이 죽을 때 갑자기 소멸된다면 그것도 결코 공평하지는 못할 것입니다. 물론 단순히 윤리도덕적인 삶만을 말하는 것은 아니지만, '생각'이라는 것이 남아서 다른 사람들에게 영향을 끼치는 것만큼이나 그 사람의 행동을 통해서도 수많은 사람들에게 영향을 끼칠 수 있기 때문입니다. 그것을 가려내고 행동에 적절한 결과가 주어지지 않겠느냐는 생각입니다. 그렇다면 천국이나 지옥은 당연히 존재할 것입니다.

다들 인생은 불공평하다고 생각할 것입니다. 억울한 사

람도 많을 것이고 한이 맺혀 있는 사람도 많을 것입니다. 하지만 그렇기 때문에 천국이 반드시 필요한 것이 아니겠습니까? 천국은 죽음과 함께 뚝 떨어진 전혀 다른 세상이기는 하지만, 이 세상에서의 삶과 긴밀하게 연결되어 있는 것도 또한 사실인 것입니다. 그런 전제 아래 천국에 대한 설명들을 이어나가고자 합니다.

▸ 천국은 하나님이 다스리시는 곳입니다.

당연한 이야기이지만 천국을 한 마디로 말한다면 하나님께서 다스리시는 곳입니다. 그래서 성경은 하나님의 나라라고 표현하는 것입니다. 물론 우리는 어떻게 하나님께서 계시는 나라에 죽은 사람의 영혼이 갈 수 있을까 도저히 이해하기 어렵습니다. 그렇지만 천국은 분명히 하나님의 나라입니다. 그래서 천국백성은 하나님 나라의 비밀을 깨닫는 사람들인 것입니다.

"이르시되 하나님 나라의 비밀을 너희에게는 주었으나 외인에게는 모든 것을 비유로 하나니"(막 4:11)

성경은 하나님을 하늘에 계신 분이라고 표현합니다. 물론 우리가 날마다 쳐다보는 공중의 하늘을 뜻하는 것은 아닙니다. 다만 분명한 것은 하나님은 위에, 곧 천국에 계신다는 사실입니다.

"땅에 있는 자를 아버지라 하지 말라 너희의 아버지는 한 분이시니 곧 하늘에 계신 이시니라"(마 23:9)

성경은 하나님께서 천국의 보좌에 좌정해 계신다고 표현합니다. 물론 왕이 옥좌에 앉듯이 그렇게 하나님께서 보좌에 실제로 앉아계신다는 뜻은 아닐 수 있습니다. 마치 보좌에서 천국뿐만 아니라 온 세상을 굽어보시듯이 다스리고 계신다는 뜻입니다. 하나님은 사람이 하는 일을 다 알고 계십니다.

"하나님이 뭇 백성을 다스리시며 하나님이 그의 거룩한 보좌에 앉으셨도다"(시 47:8)

"여호와께서 하늘에서 굽어 보사 모든 인생을 살피심이여 곧 그가 거하시는 곳에서 세상의 모든 거민들을 굽어살피시는도다"(시 33:13-14)

그렇기 때문에 하나님은 천국에 계시면서 땅에 있는 하나님의 백성들의 기도소리를 다 듣고 계시는 것입니다. 성전 건축 후에 솔로몬이 올린 기도에도 그런 내용이 포함되어 있습니다. 하나님은 천국에 계시지만 땅에 있는 하나님의 백성들의 일을 다 섭리하고 계시는 것입니다.

"주는 계신 곳 하늘에서 그들의 기도와 간구를 들으시고

그들의 일을 돌보시오며 주께 범죄한 주의 백성을 용서하옵소서"(대하 6:39)

때로는 하늘에서 어떤 징조로 하나님을 계시하실 때가 있습니다. 예수님께서 세례를 받으실 때 성령님이 비둘기같이 임하시고 하나님께서는 예수님을 위해 음성을 들려주셨습니다. 그리고 이것을 세례 요한이 보고 들었습니다.

"백성이 다 세례를 받을새 예수도 세례를 받으시고 기도하실 때에 하늘이 열리며 성령이 비둘기 같은 형체로 그의 위에 강림하시더니 하늘로부터 소리가 나기를 너는 내 사랑하는 아들이라 내가 너를 기뻐하노라 하시니라"(눅 3:21)

▸ 천국은 예수님이 계신 곳입니다.

예수님은 어디에서 오셨습니까? 아니 원래 예수님이 계시던 곳은 어디일까요? 예수님은 사람을 위해 육신을 입고 이 세상에 오셨지만 본래 창조주 하나님과 태초부터 함께 계신 분이었습니다. 곧 창조주 아버지 하나님과는 다른 형태의 하나님이신 것입니다. 그래서 예수님은 창세 전에 아버지와 함께 하셨음을 말씀하시는 것입니다. 곧 천국은 예수님이 계신 곳입니다.

"아버지여 창세 전에 내가 아버지와 함께 가졌던 영화로써 지금도 아버지와 함께 나를 영화롭게 하옵소서"(요 17:5)

그래서 요한복음에서는 예수님을 표현하기를 태초부터 계신 '말씀'이라고 한 것입니다. '말씀'으로 번역된 이 단어는 여러 가지 배경이 있지만, 언어적인 '말'과 여기에서 말하는 '말씀'은 근본적으로 다른 의미를 가지고 있는데, 하나님의 말씀이란 그 말씀이 선포되는 즉시 존재하는 능력 자체입니다. 그래서 천지를 창조하실 때에도 하나님이 가라사대(말씀하시되) 하면 바로 창조가 이루어지는 것입니다. 그러니까 하나님의 말씀은 그 말씀 자체가 이미 하나님인 것입니다. 그래서 '말씀'을 이 세상에 오셔서 죄악에 빠진 백성들을 구원하는 '그리스도'와 같은 의미로 사용하는 것입니다. 곧 예수님은 영원 전부터 천국에서 하나님과 함께 계신 분입니다.

"태초에 말씀이 계시니라 이 말씀이 하나님과 함께 계셨으니 이 말씀은 곧 하나님이시니라"(요 1:1)

그래서 말씀으로 임하신 예수님께서 자신을 떡이라고 표현하셨고, 그 떡을 먹는 자는 영생 곧 천국을 얻게 된다고 말씀하신 것입니다.

"나는 하늘에서 내려온 살아 있는 떡이니 사람이 이 떡을 먹으면 영생하리라 내가 줄 떡은 곧 세상의 생명을 위한 내 살이니라 하시니라 … 살아 계신 아버지께서 나를 보내시매 내가 아버지로 말미암아 사는 것 같이 나를 먹는 그 사람도 나로 말미암아 살리라"(요 6:51, 57)

그러므로 천국은 예수님께서 육신을 입고 세상에 사시다가 십자가에 죽으셨고 사흘 만에 부활하신 후에 올라가신 곳이기도 한 것입니다. 당연히 예수님은 지금 천국에 계십니다. 제자들은 예수님께서 부활체의 모습으로 하늘로 올라가 구름 속에 가려지는 광경을 직접 목격했습니다.

"이 말씀을 마치시고 그들이 보는데 올려져 가시니 구름이 그를 가리어 보이지 않게 하더라 올라가실 때에 제자들이 자세히 하늘을 쳐다보고 있는데 흰 옷 입은 두 사람이 그들 곁에 서서 이르되 갈릴리 사람들아 어찌하여 서서 하늘을 쳐다보느냐 너희 가운데서 하늘로 올려지신 이 예수는 하늘로 가심을 본 그대로 오시리라 하였느니라"(행 1:9-11)

"주 예수께서 말씀을 마치신 후에 하늘로 올려지사 하나님 우편에 앉으시니라"(막 16:19)

천국으로 올라가 계신 예수님의 모습을 눈으로 본 사람

도 있습니다. 순교자 스데반이 복음을 전하다가 돌에 맞아 죽어가면서 하늘의 모습을 분명히 보았습니다. 거기에서 스데반은 예수님께서 하나님 우편에 앉아계신 모습을 생생하게 목격했습니다.

"스데반이 성령 충만하여 하늘을 우러러 주목하여 하나님의 영광과 및 예수께서 하나님 우편에 서신 것을 보고 말하되 보라 하늘이 열리고 인자가 하나님 우편에 서신 것을 보노라 한대"(행 7:55-56)

▸ **천국은 하나님의 자녀들이 사는 곳입니다.**

하나님의 자녀란 예수 그리스도를 영접하고 거듭나서 구원에 이른 성도를 뜻합니다. 사람이라면 결코 벗어날 수 없는 아담으로부터 비롯된 죄의 상태에서 해방되어야 구원에 이르러 천국시민으로 영생할 수 있는데, 그 방법은 예수 그리스도께서 인류의 대표자로서 십자가에서 대신 죽으신 것을 믿고 예수님을 주인으로 영접하는 길 밖에는 없습니다. 그러므로 천국은 바로 이런 사람들이 영원토록 살아가는 곳입니다.

"영접하는 자 곧 그 이름을 믿는 자들에게는 하나님의 자녀가 되는 권세를 주셨으니 이는 혈통으로나 육정으로나 사람의 뜻으로 나지 아니하고 오직 하나님께로부터 난

자들이니라"(요 1:12-13)

    그렇게 사람이 예수 그리스도를 영접하면 하나님의 자녀가 되어 천국에서 영생하게 되는데, 이렇게 하나님의 자녀가 되는 것은 하나님의 양자의 영을 받은 것이라고 설명하고 있습니다. 왜 하나님의 양자가 되느냐 하면 하나님의 자녀라고 해도 원래는 죄의 종노릇하던 마귀의 자녀였기 때문입니다. 이렇게 하나님의 자녀가 되면 하나님을 아주 가깝게 '아빠'라고 부를 수 있게 되는 것입니다.
    "무릇 하나님의 영으로 인도함을 받는 사람은 곧 하나님의 아들이라 너희는 다시 무서워하는 종의 영을 받지 아니하고 양자의 영을 받았으므로 우리가 아빠 아버지라고 부르짖느니라 성령이 친히 우리의 영과 더불어 우리가 하나님의 자녀인 것을 증언하시나니"(롬 8:14-16)

    그렇게 하나님의 자녀들은 육신이 사라져도 마지막 날에 신령한 육체로 다시 태어나 부활의 자녀로서 천국에서 영생을 누리게 되는 것입니다. 천국에서 하나님의 자녀들은 육신을 가진 인간과는 달리 속성이 완전히 변하여 새로운 천국 질서 속에서 영생하는 것입니다.
    "저 세상과 및 죽은 자 가운데서 부활함을 얻기에 합당히 여김을 받은 자들은 장가가고 시집가는 일이 없으며 그들은 다시 죽을 수도 없나니 이는 천사와 동등이요 부활의 자녀로서 하나님의 자녀임이라"(눅 20:35-36)

그래서 하나님의 자녀인 성도들은 그의 나라 곧 저 천국을 사모하며 천국백성의 정체성을 가지고 이 세상을 살아가야 하는 것입니다. 지상에서의 모든 삶은 하나님의 자녀들의 목적지가 아니며, 최종목적지는 저 천국임을 생각하면서 천국시민으로서의 삶의 모습을 보여주어야 하는 것입니다.

"다만 너희는 그의 나라를 구하라 그리하면 이런 것들을 너희에게 더하시리라 적은 무리여 무서워 말라 너희 아버지께서 그 나라를 너희에게 주시기를 기뻐하시느니라"(눅 12:31-32)

▸ 천국은 슬픔도 고통도 없는 곳입니다.

천국의 이런 특성들과 함께 천국에서 영생하는 하나님의 자녀들의 삶의 모습을 생각해 보아야 합니다. 어떤 형태의 생활이 될지는 정확하게 알 수 없으나, 확실한 것은 천국에는 고통이나 슬픔이나 괴로움 같은 것은 전혀 느낄 수 없는 곳이라는 사실입니다. 천국은 영원한 곳이니까 당연한 말씀이지만, 늙음이나 죽음 같은 것도 전혀 없는 곳입니다.

"사망을 영원히 멸하실 것이라 주 여호와께서 모든 얼굴에서 눈물을 씻기시며 자기 백성의 수치를 온 천하에서 제하시리라 여호와께서 이같이 말씀하셨느니라"(사 25:8)

또한 천국은 영원한 생명수 샘이 있어서 결코 목마름이 없는 곳입니다. 목마름이 없다는 말은 모든 형태에서 조금도 부족하거나 연약하거나 지나치거나 비뚤어짐이 없다는 말입니다. 그러므로 지상에서 흘리던 눈물 같은 것은 눈을 씻고 찾아보아도 찾을 수 없는 것입니다.

"이는 보좌 가운데에 계신 어린 양이 그들의 목자가 되사 생명수 샘으로 인도하시고 하나님께서 그들의 눈에서 모든 눈물을 씻어 주실 것임이라"(계 7:17)

이와 같이 천국이 일체의 눈물이나 사망이나 애통이나 곡하는 것이나 아픈 것이 전혀 없는 완전한 곳인 까닭은 밤이나 어둠이 없는 곳이기 때문입니다. 곧 모든 에너지가 완벽하게 공급되어 영원토록 생명력이 지속되기 때문입니다.

"모든 눈물을 그 눈에서 닦아 주시니 다시는 사망이 없고 애통하는 것이나 곡하는 것이나 아픈 것이 다시 있지 아니하리니 처음 것들이 다 지나갔음이러라"(계 21:4)

태양 빛을 창조하신 분이 여호와 하나님이신 것을 생각하면, 그분이 계시는 천국에는 다른 빛이 필요 없고 하나님께서 친히 에너지가 되시기 때문에 모든 것이 완전해질 수 있는 것입니다.

"그 성은 해나 달의 비침이 쓸 데 없으니 이는 하나님의 영광이 비치고 어린 양이 그 등불이 되심이라 만국이 그 빛 가운데로 다니고 땅의 왕들이 자기 영광을 가지고 그리로 들어가리라 낮에 성문들을 도무지 닫지 아니하리니 거기에는 밤이 없음이라"(계 21:23-25)

우리가 염원하는 천국은 불완전하고 불투명한 이 세상과는 비교 자체가 불가능한 곳입니다. 천국은 아름답고 따뜻하고 행복감이 충만한 곳이며 괴로움도 고민도 슬픔도 아픔도 없는 곳일 뿐 아니라 완전한 상태가 영원토록 지속되는 곳입니다. 일시적이거나 부분적이거나 불확실한 곳이 아닙니다.

"우리가 지금은 거울로 보는 것 같이 희미하나 그 때에는 얼굴과 얼굴을 대하여 볼 것이요 지금은 내가 부분적으로 아나 그 때에는 주께서 나를 아신 것 같이 내가 온전히 알리라"(고전 13:12)

2. 천국에는 누가 가는가?

- 심령이 가난한 사람이 천국에 갑니다.
- 어린아이와 같은 사람이 갑니다.
- 용서하는 사람이 갑니다.
- 천국이 우선순위인 사람이 갑니다.
- 마음에 천국이 임한 사람이 갑니다.

우리가 상식적으로 알고 있는 대답은 교회에서 전도하면서 늘 이야기하듯이 예수 믿는 사람들이 천국에 간다는 것입니다. 예수 믿지 않으면 지옥에 가니까 꼭 예수 믿어야 한다고 합니다. 정확한 이야기입니다. 이것이 복음이고 천국에 갈 수 있는 유일한 길이 바로 예수 그리스도를 믿는 것이라는 사실은 분명한 진리입니다.

예수님께서 사람의 죄를 지시고 제물이 되시어서 사람 대신 십자가에서 목숨을 버리신 사실을 마음속에 받아들이고 진실한 마음으로 예수님을 주인으로 영접하면 천국에 갈 수 있습니다. 다만 그렇게 믿고 구원받은 상태가 되었다고 할 때 그 사람의 내면, 심령은 어떻게 변화되어 있을까에 대한 이야기는 별로 들어본 바가 없을 것입니다. 물론 그런 변화가 일어나지 않았다는 말이 아니라 그 변화를 잘 설명하지는 않고 있다는 이야기입니다. 과연 어떤 상태가 되는 것일까요?

▸ 심령이 가난한 사람이 천국에 갑니다.

가장 첫 번째로 예수님을 믿는다고 할 때 그 사람에게 일어날 수 있는 변화는 심령이 가난한 상태가 된다는 것입니다. 그래서 예수님도 팔복의 가르침에서 변화의 첫 번째

주제로 심령이 가난한 사람이 천국에 간다고 말씀하신 것입니다.

"심령이 가난한 자는 복이 있나니 천국이 그들의 것임이요"(마 5:3)

우리가 흔히 오해하기 쉬운 것 중의 하나가 바로 심령이 가난한 것이 신앙인의 삶의 목표가 되어야 하는 것처럼 생각하는 것입니다. 곧 심령이 가난한 사람이 되기 위해서 노력하고 애를 써야 한다는 것입니다. 그리고 또 하나의 오해는 우리는 결코 심령이 가난한 상태가 될 수 없다는 것입니다. 하지만 심령이 가난한 것은 인간이 도달해야 할 이상적인 목표지점이 아니라 상태라는 것을 알아야 합니다. 곧 예수님을 믿는 사람들은 이미 심령이 가난한 상태가 되었다는 말입니다.

심령이 가난하다는 말은 구체적으로 어떤 뜻일까요? 마음이 깨끗하고 욕심이 없다는 말일까요? 아니면 선입견 없이 사람들을 대하거나 순수한 마음으로 사람들을 돕기를 원한다는 뜻일까요? 사실은 심령이 가난하다는 것은 하나님과의 관계성 속에서 주어지는 말입니다. 곧 심령이 가난하다는 말은 영적으로 가난하다는 것이니까 하나님 앞에서 가난하다, 특히 하나님을 절대적으로 필요로 한다는 말입니다. 곧 극심하게 가난한 사람이 물질을 애타게 기다리는 것과 같은 개념입니다. 그러니까 심령이 가난하면 할수록 하나님 없이는 살 수 없는 상태가 되는 것입니다.

심령이 가난하다고 할 때 '가난'은 며칠 굶어서 죽을 것 같이 가난한 상태입니다. 누구에 비해서 가난한 상대적인 것이 아니라 목숨조차도 위협을 받을 만한 상태의 가난을 말하는 것입니다. 그러니까 예수님을 믿을 때에는 모두 이런 상태가 되어 있는 것입니다. 다른 말로 하면 이미 이렇게 가난한 상태로 변화되어 있을 때 예수님을 믿게 되는 것입니다. 심령이 가난한 사람이 천국에 간다고 할 때 바로 이런 상태가 되기 때문에 가능해지는 것입니다. 다만 이미 구원받은 사람이라도 이런 상태를 자주 잃어버리게 되기 때문에 잃어버리지 않도록 신앙생활을 충실하게 해야 하고 이미 잃어버린 부분이 있다면 빨리 회복되도록 애를 써야 하는 것입니다.

그런데 누가복음에서는 '심령이' 가난한 것이 아니라 그냥 '가난한' 사람이 하나님의 나라에 간다고 말씀하고 있는데, 이것도 결국 같은 범주에 속하는 말입니다. 왜냐하면 생활이 가난한 사람들이 심령이 가난한 상태가 되기 쉽기 때문입니다. 그래서 부자가 하늘나라에 가기가 심히 어렵다고 하신 것입니다. 다만 예수님을 믿을 때 이런 것을 의식하고 믿는 사람은 없습니다. 어떤 상태가 되는가를 설명할 뿐입니다.

"예수께서 눈을 들어 제자들을 보시고 이르시되 너희 가난한 자는 복이 있나니 하나님의 나라가 너희 것임이요"(눅 6:20)

▸ 어린아이와 같은 사람이 갑니다.

천국은 악한 사람이 존재할 수 없는 곳입니다. 하나님은 죄와 함께 하실 수가 없기 때문입니다. 그렇다면 천국에서는 어떤 사람이 크게 인정받을 수 있을까요? 천국이 어린아이들과 같은 사람의 것이라면 당연히 어린아이와 같은 사람들이 더 인정받을 것이 아니겠습니까? 그래서 예수님도 천국은 어린아이와 같은 사람의 것이며 또 천국에서는 어린아이와 같은 사람이 큰 사람이라고 설명하신 것입니다.

"예수께서 이르시되 어린아이들을 용납하고 내게 오는 것을 금하지 말라 천국이 이런 사람의 것이니라 하시고"(마 19:14)

"그러므로 누구든지 이 어린아이와 같이 자기를 낮추는 사람이 천국에서 큰 자니라"(마 18:4)

그러면 어린아이의 어떤 점 때문에 천국에서 큰 자가 되는 것일까요? 어린아이들이 투명하기 때문일까요? 어린아이들이 무력하기 때문일까요? 아니면 어린아이들에게 악이 없기 때문일까요? 하지만 어린아이들에게도 분명히 악이 있습니다. 어른처럼 그것을 숨기지 않으니까 귀여워 보일 뿐입니다. 아이들도 거짓말하고 질투하고 욕심 부리고 서로 싸우고 때립니다. 왜냐하면 인간이 타락한 이후로 아이들도 타락한 본성을 가지고 있기 때문입니다.

그러므로 어린아이들의 착하거나 천진난만한 점 때문에 천국에 합당한 것이 아닙니다. 이미 살펴본 말씀처럼 자기를 낮추는 어린아이들의 특성 때문에 큰 자가 될 수 있는 것입니다. 아이들끼리도 물론 서로 이기려고 다투기도 합니다만, 인간 전체적으로 볼 때 어린아이들은 의식하지 않아도 스스로 낮은 자세를 가지고 있습니다. 천국에는 교만한 사람은 절대로 갈 수 없습니다.

물론 그것 한 가지만 가지고 천국에 가는 것은 아닙니다. 우리는 역시 예수님의 말씀 중에서 또 다른 어린아이들의 핵심을 볼 수 있습니다. 그것은 어린아이들은 듣는 것을 그대로 믿어버린다는 것입니다. 곧 하나님의 나라에 대한 가르침을 그대로 믿고 거기에 들어가기를 소원한다는 것입니다. 그것을 천국을 어린아이처럼 받드는 사람이라고 표현하신 것입니다. 어린아이들처럼 순진하게 천국을 받으려는 사람이 천국에 가는 것입니다. 억지로 믿는 것이 아니라 예수님을 믿으면 그런 상태가 저절로 되는 것입니다.

"예수께서 보시고 노하시어 이르시되 어린아이들이 내게 오는 것을 용납하고 금하지 말라 하나님의 나라가 이런 자의 것이니라 내가 진실로 너희에게 이르노니 누구든지 하나님의 나라를 어린아이와 같이 받들지 않는 자는 결단코 그 곳에 들어가지 못하리라 하시고"(막 10:14-15)

▸ **용서하는 사람이 갑니다.**

천국은 마음으로부터 형제를 용서하는 사람들에게 허락된 곳입니다. 아담의 타락으로 원죄의 상태가 되어버린 인간이 죄와 악을 너무나도 미워하시는 하나님의 나라에 어떻게 갈 수 있겠습니까? 그것이 가능해지게 된 것이 바로 예수님을 통한 죄용서 혹은 죄 사함인 것입니다. 마땅히 죽어야 할 죄인들의 죄를 예수님께서 짊어지시고 십자가에서 죽임을 당하신 것과 그 죽음을 이기시고 부활하신 것을 믿으면 구원받고 천국에 갑니다. 그러니까 사람이 천국에 가게 된 것은 전적으로 죄를 용서받았기 때문에 가능하게 된 것입니다.

그렇다면 인간의 힘으로는 절대 해결할 수 없는 죄 용서를 받았으므로 그 사람은 다른 사람이 자신에게 행한 잘못을 용서할 수 있어야 합니다. 아무리 큰 잘못을 저질렀어도 자기가 하나님께 용서받을 수 없는 죄를 용서받은 것에 비하면 극히 작은 죄에 불과합니다. 그러므로 엄청난 죄를 용서받은 입장에서는 당연히 다른 사람을 용서할 수 있어야 하는 것입니다. 그래야 하나님의 용서가 사람에게 효력을 발생시키는 것입니다.

"서서 기도할 때에 아무에게나 혐의가 있거든 용서하라 그리하여야 하늘에 계신 너희 아버지께서도 너희 허물을 사하여 주시리라 하시니라"(막 11:25)

만약에 다른 사람이 자신에게 지은 죄나 허물을 용서하지 못한다면 어떻게 되겠습니까? 하나님께서도 우리의 죄를 용서하실 수가 없습니다. 그 말은 남을 용서하지 못하는 사람은 천국에 갈 수 없다는 말입니다.

"너희가 각각 마음으로부터 형제를 용서하지 아니하면 나의 하늘 아버지께서도 너희에게 이와 같이 하시리라"(마 18:35)

물론 교회에 다니는 사람들이라고 해서 모든 사람이 다 이와 같이 다른 사람을 용서할 수 있는 것은 아닙니다. 기독교인들 중에도 남을 용서하지 못하고 평생 원한을 가지고 살아가거나 기회가 오면 적극적으로 보복하려는 사람들이 있습니다. 때로는 용서해야 하는 줄 알면서도 용서가 안 돼서 괴로워하는 사람들도 있습니다만, 기본적으로 기독교인이란 다른 사람의 허물을 용서하는 사람들입니다. 천국은 용서하기 위해 애를 쓰는 사람들에게 주어지는 가장 큰 선물입니다.

▸ 천국이 우선순위인 사람이 갑니다.

예수님은 여러 가지 천국에 관한 비유를 말씀하셨습니다. 그 중 가장 알기 쉬운 비유는 아주 간결합니다. 한 가지 이야기는 어떤 사람이 남의 밭에서 보화를 발견하면 자기의 재산을 팔아서라도 그 보화가 묻혀있는 밭을 산다는 것입니다. 물론 비유입니다. 여기에서 중요한 점은 그 밭에 보화가 감추어져 있다는 사실을 이 사람만 알고 있다는 것입니다. 아마도 주변 사람들은 이런 밭을 왜 큰 돈을 주고 구입하느냐고 하나같이 이야기할 것입니다. 하지만 그 사람은 그 밭에 보화가 묻혀 있는 사실을 알고 있기 때문에 남들이 뭐라고 하든, 값을 몇 배 지불하든 관계없이 그 밭을 사고야 마는 것입니다. 천국이 이와 같다는 것입니다. 천국의 가치를 아는 사람들은 몹시 기뻐하면서 어떻게라도 천국에 가려고 하는 것입니다. 밭에 감추인 보화가 그의 인생의 최우선순위가 되는 것입니다.

"천국은 마치 밭에 감추인 보화와 같으니 사람이 이를 발견한 후 숨겨 두고 기뻐하며 돌아가서 자기의 소유를 다 팔아 그 밭을 사느니라"(마 13:44)

이어지는 비유는 진주장사 이야기입니다. 그는 극히 값진 진주 한 개를 발견하고 자기 재산을 다 팔아서 그 진주를 산다는 이야기입니다. 여기에서 중요한 점은 이 진주장사는 이미 좋은 진주를 구하고 있었다는 것입니다. 진주의 가치를 알기 때문에 귀한 진주를 이미 구하고 있었습니다. 천국도 극히 값진 진주와 마찬가지로 모든 것을 팔아서라도 구해야 하는, 삶의 최종 목적과도 같은 것입니다. 천국은 인생의 최우선순위에 천국을 둘 수 있는 사람이 가는 곳입니다.

"또 천국은 마치 좋은 진주를 구하는 장사와 같으니 극히 값진 진주 하나를 발견하매 가서 자기의 소유를 다 팔아 그 진주를 사느니라"(마 13:45-46)

그래서 예수님께서는 천국은 소망하고 끊임없이 구하는

사람 곧 침노하는 사람이 가는 곳이라고 설명하시는 것입니다. 천국은 사람이 꾸준하게 침범해야만 하는 곳이고 영원한 복락을 누릴 수 있는 곳입니다. 천국은 천국을 소망하는 사람에게 주어집니다.

"세례 요한의 때부터 지금까지 천국은 침노를 당하나니 침노하는 자는 빼앗느니라"(마 11:12)

▸ 마음에 천국이 임한 사람이 갑니다.

예수님께서 바리새인들의 질문에 천국은 너희 안에 있다고 하셨습니다. 이 말씀은 사람의 마음속에 천국이 있다는 의미로 이야기할 수도 있지만 그보다는 하나님의 통치가 이루어지는 그곳에 있다는 것이 보다 명확한 의미일 것입니다. 왜냐하면 바리새인들은 천국이 이 땅에 세워질 메시아 왕국이라는 고정관념을 가지고 언제 그 때가 올 것이냐고 질문했기 때문입니다. 그래서 예수님은 이 땅에 세워질 유토피아로서의 천국이 존재하는 것이 아니고 어떤 장소에 국한되는 것도 아니라고 말씀하신 것입니다.

"바리새인들이 하나님의 나라가 어느 때에 임하나이까 묻거늘 예수께서 대답하여 이르시되 하나님의 나라는 볼 수 있게 임하는 것이 아니요 또 여기 있다 저기 있다고도 못하리니 하나님의 나라는 너희 안에 있느니라"(눅

17:20-21)

"그 때에 사람이 너희에게 말하되 보라 그리스도가 여기 있다 혹은 저기 있다 하여도 믿지 말라"(마 24:23)

그렇다고 해서 천국이 사람의 마음속에 임한다는 말씀이 틀린 것은 아닙니다. 왜냐하면 마음에 먼저 천국이 임해야 하나님의 통치가 가능해지기 때문입니다. 다만 "하나님의 나라는 볼 수 있게 임하는 것이 아니요 또 여기 있다 저기 있다고도 못하리니"라는 말씀을 일부에서 오해하여 죽어서 가는 천국은 존재하지 않고 이 땅에서 사람의 마음속에 천국이 임하게 되어 있으므로 영원한 천국에 대한 허황된 소망을 버려야 한다는 주장은 그야말로 허황된 주장인 것입니다. 예수님께서는 분명히 영적인 범위 안에서 어떤 형태적인 천국이 있다는 것을 분명하게 말씀하셨습니다.

"내 아버지 집에 거할 곳이 많도다 그렇지 않으면 너희에게 일렀으리라 내가 너희를 위하여 거처를 예비하러 가노니 가서 너희를 위하여 거처를 예비하면 내가 다시 와서 너희를 내게로 영접하여 나 있는 곳에 너희도 있게 하리라"(요 14:2-3)

그래서 사도 바울은 후에 로마교회에 편지할 때 지상에

서의 신앙생활의 본질을 이야기하면서 천국은 눈에 보이는 모든 모습이 아니라 성도들 사이 그리고 각 사람들의 심령 가운데 임하는 의와 평강과 희락이라고 말했던 것입니다. 물론 그 의미는 하늘나라에서 충만한 그런 영적인 의와 평강과 희락이 아니라 오히려 사람 가운데에서 이루어질 수 있는 인간차원의 의와 평강과 희락이지만, 바로 그 인간 사이에서 생겨날 수 있는 그런 심령의 상태가 천국으로 들어갈 수 있는 바탕임을 말하는 것입니다. 그래서 이 의와 평강과 희락은 성령 안에 있는 의와 평강과 희락인 것입니다.

"하나님의 나라는 먹는 것과 마시는 것이 아니요 오직 성령 안에 있는 의와 평강과 희락이라"(롬 14:17)

천국에 합당한 사람, 곧 천국으로 갈 수 있는 사람의 특징들을 몇 가지 살펴보았습니다. 심령이 가난하여 하나님을 절대적으로 필요로 하는 사람, 어린아이와 같이 순수한 믿음을 가지고 천국을 소망하는 사람, 자신이 하나님으로부터 용서 받은 것처럼 다른 사람을 용서하는 사람, 천국을 최우선순위로 두고 끊임없이 침범하는 사람, 그리고 마음에 이미 천국이 임하고 있는 사람들입니다. 하나하나 살펴보면 굉장히 어려울 것 같지만 사실은 예수님을 주인으로 영접하는 순간 이미 그런 사람들로 변화되는 것입니다.

그 변화를 간직하고 더 성장하기 위해 신앙생활을 하는 것입니다. 그러므로 하나님을 믿으면 성령의 능력으로 전부 가능해진다는 사실을 알아야 하겠습니다.

3. 천국에는 어떻게 가는가?

- 회개해야 합니다.
- 거듭나야 합니다.
- 예수님을 생명으로 믿어야 합니다.
- 성령 받아야 합니다.
- 끝까지 인내해야 합니다.

천국에 가는 길은 두 가지 측면에서 이야기할 수 있습니다. 첫 번째 측면에서 보자면 천국은 사람의 노력으로는 결코 갈 수 없는 곳입니다. 천국은 하나님의 나라이기 때문에 그 하나님께 합당한 사람만이 천국으로 갈 수 있습니다. 그렇기 때문에 사람이 수고하고 애를 쓰고 오랫동안 훈련하고 선하고 착한 일을 많이 한다고 해서 하나님께 합당한 사람이 될 수 있는 것은 아닙니다. 그런 면에서 보면 천국은 갈 수 없는 곳입니다. 어려운 정도가 아니라 아예 불가능합니다.

하지만 두 번째 측면에서 보자면 천국에 가는 것은 너무나도 쉽습니다. 인간이 그 어떤 노력을 하고 도를 닦고 수행을 하고 종교생활을 해도 스스로의 힘으로 천국에 가는 것은 불가능하지만, 다만 천국으로 가는 통로를 알면 아주 쉽게 천국에 갈 수 있습니다. 그 통로는 바로 예수 그리스도이십니다.

물론 예수님 이전에도 하나님은 사람을 구원하여 천국 백성으로 삼으셨지만, 인류구원의 공통적인 통로로 예수님을 주신 이후에는 어느 민족 어떤 사람이라도 예수님만 믿으면 천국으로 가게 되는 것입니다. 죄와 허물은 전부 예수님께서 감당하시게 되었고 그 사실을 믿고 예수님의 길을 따르기로 하면 그 사람은 천국으로 올라갈 수 있게 되는 것입니다. 말하자면 예수님을 믿음으로 하늘나라의 영적인 새생명이 탄생하게 되는 것입니다. 이 장에서는 그렇게 천국백성으로 변화되는 과정과 현상을 중심으로 설명하고자 합니다.

▸ **회개해야 합니다.**

예수님을 믿는다고 할 때 먼저 회개하는 과정이 필요합니다. 회개란 교회에 출석하는 것과는 다릅니다. 교회에 다니기 전에도 회개가 일어날 수 있고 교회를 몇 년씩 다닌 후에야 회개할 수도 있습니다. 회개란 가던 길을 멈추고 뒤돌아서서 하나님께로 되돌아가는 것입니다. 곧 죄악된 세상을 향하던 걸음을 멈추고 영생의 길이 되시는 예수님께로 돌이켜 가는 것이 회개입니다. 그리고 회개의 결과로 나타나는 것이 죄 사함입니다. 죄 사함은 하나님을 떠났던 죄를 고백하고 예수 그리스도의 피 공로에 의지해서 얻을 수 있는 영적 현상입니다.

"그러므로 너희가 회개하고 돌이켜 너희 죄 없이 함을 받으라 이같이 하면 새롭게 되는 날이 주 앞으로부터 이를 것이요"(행 3:19)

이 죄 사함에 대한 믿음은 스스로가 죄인인 것을 발견했을 때 일어나는 엄청난 내적 변화입니다. 회개란 먼저 자신의 죄를 깨달았을 때에야 가능해지는데 그렇기 때문에 회개했다고 하면 그 죄의 길을 멈추는 현상이 일어나게 되는 것입니다. 그래서 회개라는 내적인 변화는 반드시 외적인 현상을 가져오게 되는데 그것은 가던 길을 하나님께로 돌이키는 것입니다. 세례 요한은 회개에 합당한 열매를 맺으라고 외쳤습니다.

"그러므로 회개에 합당한 열매를 맺고 … 이미 도끼가 나무뿌리에 놓였으니 좋은 열매를 맺지 아니하는 나무마다 찍혀 불에 던져지리라"(마 3:8, 10)

만약에 이 회개에 합당한 열매를 보여주지 못하면 어쩌면 죄 사함은 거짓일 수 있습니다. 물론 회개했다고 해서 당장 어떤 열매를 보여줄 수 있는 것은 아닙니다. 사람에 따라 다양한 형태로 나타나지만 공통적인 것은 회개에 합당한 열매는 사랑의 계명을 실천하는 것으로 나타난다는 점입니다. 사랑의 계명은 하나님 사랑과 이웃 사랑입니다.

"예수께서 대답하시되 첫째는 이것이니 이스라엘아 들으라 주 곧 우리 하나님은 유일한 주시라 네 마음을 다하고 목숨을 다하고 뜻을 다하고 힘을 다하여 주 너의 하나님을 사랑하라 하신 것이요 둘째는 이것이니 네 이웃을 네

자신과 같이 사랑하라 하신 것이라 이보다 더 큰 계명이 없느니라"(막 12:29-31)

회개에 합당한 열매는 세상의 부정과 부패를 거부하고 하나님의 의를 실천하는 일입니다. 서기관들과 바리새인들처럼 외적인 율법을 철저하게 지키라는 것이 아니라 마음으로부터 지키라는 말씀입니다. 마음이 빠진 신앙은 껍데기뿐일 수 있습니다.

"내가 너희에게 이르노니 너희 의가 서기관과 바리새인보다 더 낫지 못하면 결코 천국에 들어가지 못하리라"(마 5:20)

회개했다고 하면서 죄에 대해 무감각하거나 같은 죄를 반복하거나 죄 사함에 대한 기도가 없거나 세상으로 가던 길을 돌이켜 하나님께로 돌아오지 않는다면 완전한 회개가 될 수 없습니다. 겉으로 볼 때 명확하게 판단할 수는 없지만 회개는 하나님께 대한 태도이며 동시에 생활 가운데에서도 드러낼 수 있어야 하는 것입니다.

"이르시되 때가 찼고 하나님의 나라가 가까이 왔으니 회개하고 복음을 믿으라 하시더라"(막 1:15)

회개했다고 해서 단번에 성숙해질 수 없지만, 회개한 사람은 성공이나 축복이나 번영과 같은 세상의 복을 지나치게 추구하지 않습니다. 이 말은 그런 것을 다 포기한다는 말이 아니라 삶의 무게중심이 이동했다는 뜻입니다. 회개한 사람은 우선순위가 바뀌는데, 자신이 좋아하고 추구하던 것에서 하나님께서 기뻐하실 만한 것으로 중심이 바뀌는 것입니다. 회개한 사람은 점차 하나님의 일에 헌신하며 하나님께 영광을 돌려드리기 위해 애를 쓰게 됩니다.

▸ 거듭나야 합니다.

회개하고 죄 사함을 받으면 그 사람은 거듭나게 됩니다. 거듭난다는 말은 죄 때문에 하나님 앞에서 죽어있었던 영이 죄 사함을 받음으로써 다시 살아나는 것을 의미합니다. 하나님께 불순종하고 에덴동산에서 쫓겨날 때 사람의 영은 죽은 상태였습니다. 하지만 주 예수님께서 십자가에 못 박혔다가 죽음을 이기시고 부활하신 이후에 그 사실을 믿고 받아들이는 사람의 영이 다시 살아나는 것입니다. 그것이 거듭남의 비밀입니다.

"그는 허물과 죄로 죽었던 너희를 살리셨도다"(엡 2:1)

"이는 그리스도 예수 안에 있는 생명의 성령의 법이 죄와 사망의 법에서 너를 해방하였음이라"(롬 8:2)

결국 거듭난다는 말은 죽어있었던 영이 깨어난 것이기 때문에 영이신 하나님을 깨달아 알 수 있게 되는 것입니다. 대개의 경우 회개, 죄 사함, 거듭남은 동시에 일어날 수 있는 영적인 현상입니다. 사람은 거듭나야 하나님을 알게 되고 말씀이 이해가 되며 구원에 감격하게 되는 것입니다.

"예수께서 대답하여 이르시되 진실로 진실로 네게 이르노니 사람이 거듭나지 아니하면 하나님의 나라를 볼 수 없느니라"(요 3:3)

또 다른 의미는 사람을 타락시킨 죄에 대해서 죽고, 살리시는 하나님께 대해서는 살게 된 것을 뜻합니다. 왜냐하면 거듭나지 않으면 죄를 죄로 여기지 않기 때문입니다. 이전에는 죄로 생각하지 않았었는데 거듭나고 보면 모든 것을 죄로 여기게 되는 것입니다. 그렇게 죄가 보이기 시작할 때 그것을 죄에 대해 죽었다고 하는 것입니다. 그 전에는 죄가 우리 속에 살아있었던 것입니다.

"이와 같이 너희도 너희 자신을 죄에 대하여는 죽은 자요 그리스도 예수 안에서 하나님께 대하여는 살아 있는 자로 여길지어다"(롬 6:11)

거듭난 사람의 특징은 하나님 나라를 알게 된 것이고,

부활과 천국과 지옥을 믿게 된 것이고, 성경을 하나님의 말씀으로 따르게 되는 것입니다. 왜냐하면 거듭난다는 것은 오로지 성령으로만 가능한 일이기 때문입니다. 하나님의 말씀이 귀에 들리고 이해가 되고 믿어진다는 것은 하나님의 영이신 성령님께서 임하셨다는 뜻입니다. 믿음은 성령님의 도우심으로 일어날 수 있는 신비한 현상입니다.

"예수께서 대답하시되 진실로 진실로 네게 이르노니 사람이 물과 성령으로 나지 아니하면 하나님의 나라에 들어갈 수 없느니라"(요 3:5)

거듭난 사람은 하나님 나라의 원리를 이해하고 그 원리를 따라 살아가게 됩니다. 세상의 생존법칙을 따라가지 않고 세상에서는 잘 통하지 않는 복음의 법칙에 순종하게 되는 것입니다. 거듭났다면서 성경의 가르침을 외면하고 세상 사람들과 똑같은 모습으로 살아간다면 어쩌면 아직 거듭나지 못한 사람일 수도 있습니다. 그런 사람은 당연히 천국에는 갈 수 없습니다.

▸ **예수님을 생명으로 믿어야 합니다.**

예수님을 믿어야 지옥에 가지 않는다는 말은 아주 정확한 표현입니다. 그런데 예수님을 믿는다고 할 때 그 뜻은 굉장히 광범위합니다. 예수님을 하나님의 아들, 그리스도, 생명, 의롭다 하시는 분이심을 믿는다는 뜻이 모두 포함되어 있습니다.

"예수께서 하나님의 아들이심을 믿는 자가 아니면 세상을 이기는 자가 누구냐"(요일 5:5)

"예수께서 그리스도이심을 믿는 자마다 하나님께로부터 난 자니 또한 낳으신 이를 사랑하는 자마다 그에게서 난 자를 사랑하느니라"(요일 5:1)

"그러므로 우리가 믿음으로 의롭다 하심을 받았으니 우리 주 예수 그리스도로 말미암아 하나님과 화평을 누리자"(롬 5:1)

또 예수님을 믿는다는 것은 전능하신 창조주 하나님을 믿는다는 뜻이고, 그 하나님이 자신의 아버지가 되심을 믿는다는 뜻이며, 하나님께서 천국백성으로서 받아들이신다는 뜻이고, 생명으로 옮겨져 영생을 얻게 되었다는 뜻입니다.

"내가 진실로 진실로 너희에게 이르노니 내 말을 듣고 또 나 보내신 이를 믿는 자는 영생을 얻었고 심판에 이르지 아니하나니 사망에서 생명으로 옮겼느니라"(요 5:24)

회개하고 거듭나서 오직 예수님을 주인으로 영접할 때

그 사람은 구원받고 천국백성이 됩니다. 그렇다면 그냥 마음으로 믿기만 하면 이 모든 일이 일어나는 것일까요? 그냥 아멘 하고 고백하기만 하면 아무 문제 없이 천국에 가는 것일까요? 물론 믿기만 하면 구원받고 천국백성이 되는 말씀은 사실입니다. 성경에도 분명하게 선포하고 있기 때문입니다.

"네가 만일 네 입으로 예수를 주로 시인하며 또 하나님께서 그를 죽은 자 가운데서 살리신 것을 네 마음에 믿으면 구원을 받으리라"(롬 10:9)

다만 그 믿음이라는 것이 어떤 믿음인가를 반드시 생각해보아야 합니다. 예수님께서 우리 죄를 위하여 온갖 고통과 조롱을 참으시고 생명을 버리셨습니다. 하나님으로서 사람을 위해 생명을 버리신 예수님, 그 예수님께서 생명을 버리신 만큼 예수님을 믿는 믿음 속에도 생명이 들어 있어야 하는 것입니다. 그냥 가볍게 "예수님께서 나를 위해 생명을 버리신 것을 믿습니다. 믿으면 구원받는다고 하셨으니 내가 믿음으로 구원받게 해 주신 것을 너무나도 감사드립니다." 하고 나가서 세상살이에만 바쁘다면 그 믿음은 참 믿음이겠습니까? 구원받는 믿음은 예수님을 자신의 생명으로 여기는 믿음입니다. 예수님을 생명으로 믿으면 믿음의 표지가 겉으로 반드시 드러나게 되어 있습니다. 무엇을 행하는 것으로 드러내는 것이 아니라 자연스럽게 삶에 배어나오게 되어 있는 것입니다.

예수님을 믿으면 세상을 이긴다고 했습니다. 당신은 세상을 이기기 위해 싸우고 있나요, 아니면 세상에 적응하고 있나요? 세상을 이긴다는 말은 세상살이의 원리들, 곧 생존경쟁, 적자생존 등의 성공의 원리를 외면하고 오직 복음의 원리만을 지켜나가는 것을 의미합니다. 곧 예수님을 생명으로 믿는 사람들의 특징이 되는 것입니다.
"무릇 하나님께로부터 난 자마다 세상을 이기느니라 세상을 이기는 승리는 이것이니 우리의 믿음이니라"(요일 5:4)

그 복음의 원리는 성공과 출세의 원리가 아니라 사랑과 희생의 원리입니다. 그것을 그리스도의 이름으로 행하는 원리입니다. 믿음은 곧 사랑으로 증명이 되어야 합니다. 믿음이 좋을수록 하나님의 사랑이 깊어지는 것입니다. 왜냐하면 예수님의 사랑은 희생과 인내의 사랑이기 때문입니다. 예수님을 믿으면 자연히 예수님의 사랑으로 행하게 되지 않겠습니까? 그것이 예수님을 생명으로 믿는다는 뜻입니다.
"이 교훈의 목적은 청결한 마음과 선한 양심과 거짓이

없는 믿음에서 나오는 사랑이거늘"(딤전 1:5)

신앙이 어리거나 약하거나 희미해진 사람들에게서는 믿음의 두드러진 특징을 발견하기 어려울 수도 있습니다. 그것은 일시적일 수도 있고 장기적일 수도 있지만, 얼핏 겉으로 보면 말로만 믿는 사람들의 특징과 비슷해 보입니다. 다만 믿음이 있는 사람들은 꾸준히 믿음이 자라지만 예수님과 상관없는 사람들은 오랫동안 믿음이 정체되어 있을 가능성이 큽니다.

▸ 성령 받아야 합니다.

이렇게 회개하고 죄 사함 받아 거듭난 사람이 되어야 천국에 갈 수 있는데, 이런 모든 과정은 성령님께서 임하심으로써 가능해지는 것입니다. 그래서 회개, 죄 사함, 거듭남, 성령 받음은 거의 동의어일 수 있습니다. 이것은 성령 충만이라는 개념과는 차이가 있습니다. 성령충만은 이미 성령 받은 사람이 성령님께서 크게 일하시도록 자기를 비워 성령님으로 가득 채워지는 것을 말합니다. 아무튼 성령 받은 사람의 특징을 꼽으라면 어떤 것이 있을까요? 겉으로 드러나지 않는 현상은 죄 사함과 거듭남, 하나님의 자녀 됨, 성령님의 내주하심 등 보이지 않고 느끼기 어려운 상태들입니다.

"베드로가 이르되 너희가 회개하여 각각 예수 그리스도의 이름으로 세례를 받고 죄 사함을 받으라 그리하면 성령의 선물을 받으리니"(행 2:38)

"너희는 너희가 하나님의 성전인 것과 하나님의 성령이 너희 안에 계시는 것을 알지 못하느냐"(고전 3:16)

하지만 성령님은 하나님께서 하나님의 자녀 된 보증으로 우리에게 주신 선물입니다. 그러므로 그 보증으로 나타나는 현상은 느낄 수 있어야 합니다. 그러니까 성령 받은 사람은 겉으로도 그 특징적인 현상이 나타난다는 것입니다.

"곧 이것을 우리에게 이루게 하시고 보증으로 성령을 우리에게 주신 이는 하나님이시니라"(고후 5:5)

일반적으로 회개가 먼저 일어나고, 예수님의 부활과 재림이 믿어지고 성경이 믿어집니다. 옛 생활을 떠나려는 의지와 말씀대로 살고 싶은 욕구가 생기고 하나님을 기쁘시게 해드리고 싶은 마음이 생깁니다.

"나는 너희로 회개하게 하기 위하여 물로 세례를 베풀거니와 내 뒤에 오시는 이는 나보다 능력이 많으시니 나는 그의 신을 들기도 감당하지 못하겠노라 그는 성령과 불로

너희에게 세례를 베푸실 것이요"(마 3:11)

"믿음이 없이는 하나님을 기쁘시게 하지 못하나니 하나님께 나아가는 자는 반드시 그가 계신 것과 또한 그가 자기를 찾는 자들에게 상 주시는 이심을 믿어야 할지니라"(히 11:6)

지속적으로 성령님과 동행하게 되면 성령님만이 주실 수 있는 여러 가지 은혜를 많이 받을 수 있습니다. 성령님의 일하심을 따라 거두어질 수 있는 최상의 열매는 심령의 내적인 열매입니다. 왜냐하면 내적인 열매는 오랜 기간 동안 쌓여서 변화되는 진정한 결실이기 때문입니다.

"오직 성령의 열매는 사랑과 희락과 화평과 오래 참음과 자비와 양선과 충성과 온유와 절제니 이같은 것을 금지할 법이 없느니라"(갈 5:22-23)

동시에 성령님의 은혜로 말미암아 하나님의 일을 하는 다양한 은사로 주어지기도 합니다.

"어떤 사람에게는 성령으로 말미암아 지혜의 말씀을, 어떤 사람에게는 같은 성령을 따라 지식의 말씀을, 다른 사람에게는 같은 성령으로 믿음을, 어떤 사람에게는 한 성령으로 병 고치는 은사를, 어떤 사람에게는 능력 행함을, 어떤 사람에게는 예언함을, 어떤 사람에게는 영들 분별함을,

다른 사람에게는 각종 방언 말함을, 어떤 사람에게는 방언들 통역함을 주시나니 이 모든 일은 같은 한 성령이 행하사 그의 뜻대로 각 사람에게 나누어 주시는 것이니라"(고전 12:8-11)

만약에 예수님을 믿고 교회에 다니는데 회개한 일이 없고, 죄 사함의 기쁨을 체험하지 못했으며, 예수님의 부활과 재림을 믿지 못하고, 성경 말씀이 진리로 생각되지 않으며, 술이나 담배 등 옛 생활을 끊고 싶은 욕구가 없고, 뭔가 교회에 유익이 되고 싶은 생각이 없으며, 작은 일이라도 하나님을 기쁘시게 해 드리고 싶지 않다면 어쩌면 성령님을 받지 못한 사람일 수 있습니다. 그것은 구원과는 관계없다는 뜻입니다.

▸ 끝까지 인내해야 합니다.

마지막으로 성경은 예수님을 위해 끝까지 인내하며 참고 견디는 사람에게 구원을 주시는 것으로 말씀합니다. 중간에 여러 가지 유혹에 빠지거나 다른 우상을 따르게 되거나 하나님의 뜻을 거부함으로써 구원을 잃어버릴 수도 있음을 알아야 합니다.

"또 너희가 내 이름으로 말미암아 모든 사람에게 미움을

받을 것이나 끝까지 견디는 자는 구원을 얻으리라"(마 10:22)

끝까지 인내하고 견뎌야 천국의 주인공이 될 뿐 아니라 하늘의 약속을 받을 수 있습니다. 끝까지 견디지 못하는 경우에는 그 사람의 믿음을 의심해볼 수도 있습니다. 곧 예수님을 정말 생명으로 믿고 있었는가 하는 것입니다.
"너희에게 인내가 필요함은 너희가 하나님의 뜻을 행한 후에 약속하신 것을 받기 위함이라"(히 10:36)

개인적인 구원도 그렇지만 끝까지 인내해야 교회를 돕는 믿음의 본이 되고 그리스도의 일에 함께 참여한 사람이 됩니다.
"그러므로 너희가 견디고 있는 모든 박해와 환난 중에서 너희 인내와 믿음으로 말미암아 하나님의 여러 교회에서 우리가 친히 자랑하노라"(살후 1:4)
"우리가 시작할 때에 확신한 것을 끝까지 견고히 잡고 있으면 그리스도와 함께 참여한 자가 되리라"(히 3:14)

인내하지 못하게 만드는 수많은 요소 가운데 박해가 있습니다. 스스로가 내적인 압박을 견디지 못하는 경우도 있지만 외적인 불이익이나 따돌림, 공격과 같은 박해에 무너지는 경우도 많이 있습니다. 박해를 견디고 이겨내야 합니다.

"의를 위하여 박해를 받은 자는 복이 있나니 천국이 그들의 것임이라"(마 5:10)

"나로 말미암아 너희를 욕하고 박해하고 거짓으로 너희를 거슬러 모든 악한 말을 할 때에는 너희에게 복이 있나니 기뻐하고 즐거워하라 하늘에서 너희의 상이 큼이라 너희 전에 있던 선지자들도 이같이 박해하였느니라"(마 5:11-12)

인내하라는 말씀의 목적은 성도로 하여금 견고하게 하시고 부족함이 없게 하시기 위함입니다.

"주께서 너희를 우리 주 예수 그리스도의 날에 책망할 것이 없는 자로 끝까지 견고하게 하시리라"(고전 1:8)

"인내를 온전히 이루라 이는 너희로 온전하고 구비하여 조금도 부족함이 없게 하려 함이라"(약 1:4)

그렇다면 믿음으로 의롭게 되고 하나님의 자녀가 된 사람도 끝까지 인내하지 못하면 천국에 못 갈 수도 있다는 말일까요? 말씀 그대로 하면 끝까지 견디지 못한 사람은 지옥에 떨어지게 된다는 말이 됩니다만, 하나님은 하나님의 자녀들이 끝까지 인내하고 견딜 수 있도록 성령님으로 힘을 주시고 용기를 주십니다. 예수님을 생명으로 받아들인 사람은 끝까지 인내하게 되고, 결국 모든 것을 이길 수 있게 하나님께서 책임져 주십니다.

4. 천국은 실제로 어떤 모습인가?

- 이사야가 본 천국의 모습
- 낙원이란 무엇입니까?
- 영원한 천국은 새 하늘과 새 땅입니다.
- 새 예루살렘의 모습입니다.
- 영원한 천국 내부의 모습입니다.

▸ 이사야가 본 천국의 모습

사람이 죽으면 천국이나 지옥 둘 중의 한 곳에 가게 되어 있습니다. 천국이란 일반적으로 알려져 있듯이 약육강식이나 적자생존의 그늘이 전혀 없는 곳입니다. 그것은 인간세상에서뿐 아니라 자연세계에서도 마찬가지 현상이라고 성경은 말씀하고 있습니다. 이사야 선지자가 본 환상에는 최후에 임하게 될 천국의 모습을 생생하게 묘사하고 있습니다. 우선 거기에는 모든 짐승들이 전혀 싸우거나 해치지 않고 아주 평화롭게 공존한다고 합니다.

"그 때에 이리가 어린 양과 함께 살며 표범이 어린 염소와 함께 누우며 송아지와 어린 사자와 살진 짐승이 함께 있어 어린아이에게 끌리며 암소와 곰이 함께 먹으며 그것들의 새끼가 함께 엎드리며 사자가 소처럼 풀을 먹을 것이며 젖 먹는 아이가 독사의 구멍에서 장난하며 젖 뗀 어린 아이가 독사의 굴에 손을 넣을 것이라"(사 11:6-8)

천국은 동물 다큐에서 보듯이 스스로 살아남기 위해 다른 동물의 피를 흘려야 하는 그런 곳이 아닙니다. 보통 자연이 잘 보존된 곳을 자연천국이라고 말하지만 드러나지 않는 구석구석에서는 여지없이 동물들 간의 살육전이 펼쳐지고 있습니다. 그런 곳은 천국이 될 수 없습니다. 정말 천국은 살생자인 표범과 희생자인 염소가 함께 뒹굴면서 노는 곳입니다. 물론 본문에서처럼 저 천국에 정말 동물이 있느냐고 할 때에는 없다고 말하는 것이 맞습니다. 저 영원한 천국은 사람의 영이 사는 곳이기 때문입니다. 그러므로 본문은 천국의 상징적인 모습을 보여주는 것이라고 할 수 있습니다. 또한 회복되어야 할 에덴동산을 상징하는 모습이기도 합니다.

그렇게 천국은 해 됨도 없고 상함도 없는 완전한 곳인데 그 이유는 여호와를 아는 지식으로 충만해지는 곳이기 때문입니다. 사도 바울의 고백과 같이 그 때에는 희미하거나 부분적으로 보는 것이 아니라 모든 것을 밝히 볼 수 있게 되는 것입니다. 여호와를 아는 지식이 풍성한 곳이기 때문입니다.

"내 거룩한 산 모든 곳에서 해 됨도 없고 상함도 없을 것이니 이는 물이 바다를 덮음 같이 여호와를 아는 지식이 세상에 충만할 것임이니라"(사 11:6-9)

"우리가 지금은 거울로 보는 것 같이 희미하나 그 때에는 얼굴과 얼굴을 대하여 볼 것이요 지금은 내가 부분적으로 아나 그 때에는 주께서 나를 아신 것 같이 내가 온전히 알리라"(고전 13:12)

▸ 낙원이란 무엇입니까?

낙원과 천국, 하나님의 나라는 어떻게 다를까요? 성경에는 사람이 죽어서 낙원으로 간다는 표현이 있습니다. 예수님과 함께 오른쪽 십자가에 못 박혔던 강도가 예수님께 자기를 기억해달라고 요청하자 예수님은 그 날 낙원에 함께 있으리라고 약속하십니다.

"예수께서 이르시되 내가 진실로 네게 이르노니 오늘 네가 나와 함께 낙원에 있으리라 하시니라"(눅 23:43)

사도 바울도 낙원으로 이끌려간 일을 말하고 있습니다. 바울은 여기에서 낙원을 셋째 하늘이라고 말하고 있습니다. 낙원은 첫째 하늘인 공중, 둘째 하늘인 우주, 그리고 그것조차 벗어나는 셋째 하늘이라고 말해지기도 하지만, 정확하게 그렇다고 말하기는 곤란한 점이 있습니다.

"내가 그리스도 안에 있는 한 사람을 아노니 그는 십사년 전에 셋째 하늘에 이끌려 간 자라 … 그가 낙원으로 이끌려가서 말로 표현할 수 없는 말을 들었으니 사람이 가히 이르지 못할 말이로다"(고후 12:2, 4)

여기서 일반적으로 낙원이라고 하면 예수 그리스도를 믿어 의롭게 된 사람이 죽어서 가는 곳이며, 그곳에서 최후의 심판 때까지 거주하게 된다고 설명할 수 있습니다. 한편 이와 관련하여 천국이라고 할 때 두 가지 의미가 있음을 발견할 수 있습니다. 하나는 최후의 심판 이후에 세상에 내려올 새 하늘과 새 땅의 영원한 천국이고, 다른 하나는 보통 흔히 죽어서 천국 간다고 할 때의 낙원을 뜻하는 것입니다.

어떤 사람은 영혼이 최후의 심판 때까지 잠자게 된다고 설명하기도 하지만 계시록에 보면 죽어서 천국(낙원)에 간 성도들이 하나님께 기도하는 장면이 나오는 것으로 보아서는 그것은 설득력이 떨어질 것 같습니다. 그러니까 사람이 예수님을 믿고 죽으면 천국으로 가는데, 그 천국은 영원한 천국이 아니라 한시적으로 대기하는 일차적 천국, 곧 낙원이라고 볼 수 있는 것입니다.

"다섯째 인을 떼실 때에 내가 보니 하나님의 말씀과 그들이 가진 증거로 말미암아 죽임을 당한 영혼들이 제단 아래에 있어 큰 소리로 불러 이르되 거룩하고 참되신 대주재여 땅에 거하는 자들을 심판하여 우리 피를 갚아 주지 아니하시기를 어느 때까지 하시려 하나이까 하니 각각 그들에게 흰 두루마기를 주시며 이르시되 아직 잠시 동안 쉬되 그들의 동무 종들과 형제들도 자기처럼 죽임을 당하여 그 수가 차기까지 하라 하시더라"(계 6:9-11)

▸ **영원한 천국은 새 하늘과 새 땅입니다.**

천국은 일반인들이 생각하듯이 저 하늘 높은 곳 어딘가에 있거나 또는 이 세상과는 차원이 전혀 다른 영의 세계가 아닙니다. 영원한 천국은 이 세상을 멸망시키고 세워질 새로운 질서의 세계, 새 하늘과 새 땅이라고 말씀하고 있습니다. 일찍이 이사야 선지자도 새 하늘과 새 땅이 창조될 것을 예언한 바가 있습니다.

"보라 내가 새 하늘과 새 땅을 창조하나니 이전 것은 기억되거나 마음에 생각나지 아니할 것이라"(사 65:17)

하나님의 마지막 계시를 구체적으로 받은 사도 요한도 그 광경을 생생하게 기록하고 있습니다. 요한은 자신이 직접 본 모습은 새 하늘과 새 땅이 조성되고 나서 새 예루살렘 성이 하늘에서 내려오는 광경이었다고 기록하고 있습니다.

"또 내가 새 하늘과 새 땅을 보니 처음 하늘과 처음 땅이 없어졌고 바다도 다시 있지 않더라 또 내가 보매 거룩한 성 새 예루살렘이 하나님께로부터 하늘에서 내려오니 그 준비한 것이 신부가 남편을 위하여 단장한 것 같더라"(계 21:1-2)

이 역시 이사야 선지자가 듣고 본 말씀과 동일합니다. 새 하늘과 새 땅에서 성도는 영원토록 하나님과 함께 거하게 되는 것입니다.

"내가 지을 새 하늘과 새 땅이 내 앞에 항상 있는 것 같이 너희 자손과 너희 이름이 항상 있으리라 여호와의 말이니라"(사 66:22)

그래서 하나님은 새 하늘과 새 땅과 새 예루살렘 성을 주시고 나서 친히 만물을 새롭게 하신다고 선포하신 것입니다.

"보좌에 앉으신 이가 이르시되 보라 내가 만물을 새롭게 하노라 하시고 또 이르시되 이 말은 신실하고 참되니 기록하라 하시고 또 내게 말씀하시되 이루었도다"(계 21:5-6 上)

▸ 새 예루살렘 성의 모습입니다.

그러면 그렇게 내려주신 새 예루살렘이라는 곳은 구체적으로 어떻게 생겼을까요? 그 성의 빛은 지극히 귀한 보석과 같고 벽옥이나 수정처럼 맑더라고 했습니다. 그리고 전체 성의 모양은 길이와 높이가 똑같은 정육면체처럼 생겼다고 했습니다.

"성령으로 나를 데리고 크고 높은 산으로 올라가 하나님께로부터 하늘에서 내려오는 거룩한 성 예루살렘을 보이니 하나님의 영광이 있어 그 성의 빛이 지극히 귀한 보석 같고 벽옥과 수정 같이 맑더라"(계 21:10-11)
"그 성은 네모가 반듯하여 길이와 너비가 같은지라 그 갈대 자로 그 성을 측량하니 만 이천 스다디온이요 길이와 너비와 높이가 같더라"(계 21:16)

한편 새 예루살렘 성에는 열두 문이 있는데 동서남북 각 3개씩 있었고, 성문은 진주로 되어 있으며, 문들마다 천사들이 있었다고 이야기합니다.
"크고 높은 성곽이 있고 열두 문이 있는데 문에 열두 천사가 있고 그 문들 위에 이름을 썼으니 이스라엘 자손 열두 지파의 이름들이라 동쪽에 세 문, 북쪽에 세 문, 남쪽에 세 문, 서쪽에 세 문이니"(계 21:12-13)
"그 열두 문은 열두 진주니 각 문마다 한 개의 진주로 되어 있고"(계 21:21上)

또한 그 성곽의 기초석에 대한 기록도 있는데 각각 아름다운 보석들, 곧 벽옥, 남보석, 옥수, 녹보석, 홍마노, 홍보석, 황옥, 녹옥, 담황옥, 비취옥, 청옥, 자수정으로 되어 있다고 합니다.

"그 성의 성곽에는 열두 기초석이 있고 그 위에는 어린 양의 열두 사도의 열두 이름이 있더라"(계 21:14)

"그 성의 성곽의 기초석은 각색 보석으로 꾸몄는데 첫째 기초석은 벽옥이요 둘째는 남보석이요 셋째는 옥수요 넷째는 녹보석이요 다섯째는 홍마노요 여섯째는 홍보석이요 일곱째는 황옥이요 여덟째는 녹옥이요 아홉째는 담황옥이요 열째는 비취옥이요 열한째는 청옥이요 열두째는 자수정이라"(계 21:19-20)

그러나 그 성에는 하나님께 예배하는 성전은 없습니다. 왜냐하면 그 성 전체가 하나님이시요 그곳 어디에나 계시기 때문에 성전이 필요가 없는 것입니다.

"성 안에서 내가 성전을 보지 못하였으니 이는 주 하나님 곧 전능하신 이와 및 어린 양이 그 성전이심이라"(계 21:22)

▸ 영원한 천국 내부의 모습입니다.

그곳에는 인생에서 겪을 수밖에 없는 모든 아픔들은 다 지나갔다고 했습니다. 영원한 천국은 모자람이나 지나침이나 연약함이나 속상함 같은 것들은 전부 다 사라져 버린 곳입니다.

"모든 눈물을 그 눈에서 닦아 주시니 다시는 사망이 없고 애통하는 것이나 곡하는 것이나 아픈 것이 다시 있지 아니하리니 처음 것들이 다 지나갔음이러라"(계 21:4)

그렇게 완전할 수 있는 이유는 바로 빛 때문입니다. 그 빛이 바로 에너지원이고 그 빛이 바로 하나님이시기 때문입니다. 그래서 햇빛도 필요 없고 달빛도 소용없으며 등불도 없고 밤이 없는 곳입니다. 그 빛이 바로 하나님의 영광인 것입니다. 죄인들은 이 빛 때문에 절대로 올 수 없는 곳입니다.

"그 성은 해나 달의 비침이 쓸 데 없으니 이는 하나님의 영광이 비치고 어린 양이 그 등불이 되심이라 만국이 그 빛 가운데로 다니고 땅의 왕들이 자기 영광을 가지고 그리로 들어가리라 낮에 성문들을 도무지 닫지 아니하리니 거기에는 밤이 없음이라"(계 21:23-25)

"다시 밤이 없겠고 등불과 햇빛이 쓸 데 없으니 이는 주 하나님이 그들에게 비치심이라 그들이 세세토록 왕 노릇 하리로다"(계 22:5)

또 성 내부를 들여다보면 길은 맑은 유리 같은 황금으로 되어 있고, 길 가운데에는 생명강이 흐르고 있는데 강 좌우에 생명나무가 심겨져 있었습니다. 그리고 그 나무에는 열두 가지 과일이 맺혀있고 잎사귀는 만병치료약이라고 합니다.

"성의 길은 맑은 유리 같은 정금이더라"(계 21:21下)

"또 그가 수정 같이 맑은 생명수의 강을 내게 보이니 하나님과 및 어린 양의 보좌로부터 나와서 길 가운데로 흐르더라 강 좌우에 생명나무가 있어 열두 가지 열매를 맺되 달마다 그 열매를 맺고 그 나무 잎사귀들은 만국을 치료하기 위하여 있더라"(계 22:1-2)

이렇게 영원히 이 땅에 내려올 천국인 새 예루살렘 성의 주인은 하나님의 아들들이라고 말씀하고 있습니다. 그들은 하나님의 상속자들이기 때문입니다.

"나는 알파와 오메가요 처음과 마지막이라 내가 생명수 샘물을 목마른 자에게 값없이 주리니 이기는 자는 이것들을 상속으로 받으리라 나는 그의 하나님이 되고 그는 내 아들이 되리라"(계 21:6下-7)

이상과 같이 영원한 천국의 모습을 살펴보았습니다. 우리가 꿈에서 상상할 수 있거나 그림으로나 볼 수 있는 그런 모습이 바로 예수님을 영접하여 하나님의 아들들이 된 성도들에게 주어져 있습니다. 물론 그 당시의 지식으로 그려낼 수 있을 만큼 그려낸 것이기 때문에 오늘날의 성도들이 똑바로 이해하기 어려운 점도 있습니다. 하지만 전체적인 모습은 생생하며 영원한 천국의 모습을 이해하기에는 부족함이 없다고 하겠습니다.

5. 천국에도 상이 있는가?

- 담대한 믿음의 상이 있습니다.
- 원수 사랑의 상이 큽니다.
- 겸손의 상도 받을 수 있습니다.
- 하나님을 위하여 행한 일에는 상이 있습니다.
- 상을 받지 못할 때도 있습니다.

천국은 이 땅에서 하나님의 나라를 위해 행한 모든 것이 보화로 쌓여있는 곳입니다. 그 보화는 이 땅에서 하나님과 이웃을 위해 무엇인가를 행할 때 하나님께서 상으로 주시는 것입니다. 이 보화는 없어지지 않고 아무리 사소한 것에 대해서라도 주어지는 상입니다.

"너희 소유를 팔아 구제하여 낡아지지 아니하는 배낭을 만들라 곧 하늘에 둔 바 다함이 없는 보물이니 거기는 도둑도 가까이 하는 일이 없고 좀도 먹는 일이 없느니라"(눅 12:33)

"오직 너희를 위하여 보물을 하늘에 쌓아 두라 거기는 좀이나 동록이 해하지 못하며 도둑이 구멍을 뚫지도 못하고 도둑질도 못하느니라"(마 6:20)

성도가 세상에서 손해를 보면서도 하나님을 향한 믿음을 버리지 않을 수 있는 것은 이 땅에서는 아무런 보상도 없을지 몰라도 저 하늘에는 결코 사라지지 않는 상이 있다는 것을 알기 때문입니다. 성도가 아무도 알아주는 사람이 없어도 하나님의 일을 열심히 할 수 있는 것도 모든 것을 다 아시고 보고 계시는 하나님께서 행한 대로 갚아주실 것을 알고 믿기 때문입니다. 천국 백성이란 바로 그런 하나님을 믿는 사람들인 것입니다.

"너는 구제할 때에 오른손이 하는 것을 왼손이 모르게

하여 네 구제함을 은밀하게 하라 은밀한 중에 보시는 너의 아버지께서 갚으시리라"(마 6:3-4)

그렇다면 반드시 천국에 가야 하는 중대한 이유가 하나 더 생긴 셈입니다. 지옥에 가느냐 안 가느냐를 생각하기 전에 천국에 가서 어떤 상을 받을 것인가에 초점을 맞춘다면 이 지상에서의 믿음 생활은 언제라도 승리할 수 있게 될 것입니다. 보이는 것들, 만질 수 있는 것들, 쌓을 수 있는 것들은 나중에는 마치 안개처럼 다 사라져버릴 것들입니다. 그러나 보이지도 않고 만질 수도 없고 쌓을 수도 없는 복음적 가치들은 저 하늘에 고스란히 보화가 되어 쌓입니다. 하나님과의 인격적 관계만 바로 서 있으면 세상에서의 평가나 혹시 생길지도 모르는 불이익 같은 것에 대해 전혀 의식하지 않고 천국의 상급을 누리는 사람들이 되는 것입니다.

▸ **담대한 믿음의 상이 있습니다.**

성경에는 '큰 상'을 주신다고 말씀하신 구절이 몇 군데 있습니다. 그 중 하나가 담대함입니다. 담대함 자체가 큰 상을 얻게 만드는 것은 아닙니다만, 담대함이라는 커다란 신앙자산을 통하여 수많은 열매들을 거둘 수 있는 것입니다.

"그러므로 너희 담대함을 버리지 말라 이것이 '큰 상'을 얻게 하느니라"(히 10:35)

담대함은 말씀을 강하게 선포하게 합니다. 사람이나 환경을 떠나서 예수만이 구원자이시며 죄 사함 받아 천국에 이를 수 있는 유일한 통로임을 말할 때에는 담대함이 필요합니다. 그리고 끝까지 복음을 전파할 수 있도록 만들어줍니다.

"두 사도가 오래 있어 주를 힘입어 담대히 말하니 주께서 그들의 손으로 표적과 기사를 행하게 하여 주사 자기 은혜의 말씀을 증언하시니"(행 14:3)

"그 날 밤에 주께서 바울 곁에 서서 이르시되 담대하라 네가 예루살렘에서 나의 일을 증언한 것 같이 로마에서도 증언하여야 하리라 하시니라"(행 23:11)

담대함은 세상을 이기게 해 줍니다. 그것은 주 예수께서 사탄의 권한인 사망을 이기시고 부활하심으로써 그것을 믿는 성도들도 담대할 수 있게 된 것입니다. 이미 이겨놓으신 예수님께만 의지함으로써 담대함이 생기는 것입니다.

"이것을 너희에게 이르는 것은 너희로 내 안에서 평안을

누리게 하려 함이라 세상에서는 너희가 환난을 당하나 담대하라 내가 세상을 이기었노라"(요 16:33)

담대함은 믿음, 소망, 성령 충만할 때 하나님께서 주시는 은혜입니다. 사람이 용기를 내려고 한다고 담대해지는 것은 아닙니다. 담대함은 하나님께 의지할 때 생기는 선물입니다.
"우리가 그 안에서 그를 믿음으로 말미암아 담대함과 확신을 가지고 하나님께 나아감을 얻느니라"(엡 3:12)
"우리가 이같은 소망이 있으므로 담대히 말하노니"(고후 3:12)
"빌기를 다하매 모인 곳이 진동하더니 무리가 다 성령이 충만하여 담대히 하나님의 말씀을 전하니라"(행 4:31)

가장 중요한 것은 하나님과의 동행이 우리를 담대하게 만들어준다는 점입니다. 그것은 성도들의 내면에 거주하시는 성령님께서 항상 성도와 동행하고 계신다는 믿음을 가짐으로써 생기게 되는 것입니다.
"사람이 나를 섬기려면 나를 따르라 나 있는 곳에 나를 섬기는 자도 거기 있으리니 사람이 나를 섬기면 내 아버지께서 그를 귀히 여기시리라"(요 12:26)

하나님과의 동행 자체가 이미 큰 상이고, 모든 것을 버리고 주님과 동행함으로 말미암아 담대함을 주시고, 세상을 이기게 하시는 것입니다. 그러므로 전적인 신뢰를 가지고 이 세상을 담대하게 헤쳐나갈 수 있습니다.

"누구든지 제 목숨을 구원하고자 하면 잃을 것이요 누구든지 나를 위하여 제 목숨을 잃으면 구원하리라"(눅 9:24)

▸ 원수 사랑의 상이 큽니다.

예수님께서는 이웃사랑을 넘어서 원수까지도 사랑하면 하늘에서 큰 상이 기다리고 있을 것이라고 말씀하셨습니다. 그리고 그렇게 큰 상을 주시는 이유를 하나님께서 은혜를 모르거나 악한 자까지라도 사랑하시기 때문이라고 하십니다.

"오직 너희는 원수를 사랑하고 선대하며 아무 것도 바라지 말고 꾸어 주라 그리하면 너희 '상이 클' 것이요 또 지극히 높으신 이의 아들이 되리니 그는 은혜를 모르는 자와 악한 자에게도 인자하시니라"(눅 6:35)

사실 이 명령은 진정한 이웃사랑이 무엇인가를 알면 충분히 이해가 됩니다. 그것은 이웃, 곧 자기 이외의 타인을 자기 자신을 사랑하는 것처럼 사랑하는 것이라는 말씀입니다.

"둘째는 이것이니 네 이웃을 네 자신과 같이 사랑하라 하신 것이라 이보다 더 큰 계명이 없느니라"(막 12:31)

원수를 사랑하라는 말씀은 다른 사람을 대하는 것과 똑같이 그들을 몸으로 섬기는 일과 함께 그들을 위해 기도하는 행위를 말하는 것입니다.

"또 네 이웃을 사랑하고 네 원수를 미워하라 하였다는 것을 너희가 들었으나 나는 너희에게 이르노니 너희 원수를 사랑하며 너희를 박해하는 자를 위하여 기도하라"(마 5:43-44)

원수를 사랑하는 것은 사람의 힘만으로는 사실상 불가능에 가까운 일이지만 예수님의 십자가 사랑을 힘입고 죄의 종이 아니라 그리스도의 종이 되면 가능해지는 일입니다.

"우리가 알거니와 우리의 옛 사람이 예수와 함께 십자가에 못 박힌 것은 죄의 몸이 죽어 다시는 우리가 죄에게 종 노릇 하지 아니하려 함이니"(롬 6:6)

내 안에 그리스도께서 성령으로 함께 사신다면 결국 원수까지도 사랑할 수 있게 되는 것입니다. 원수사랑은 감정적인 사랑을 뛰어넘어 의지적으로 실천해야 하는 사랑일 가능성이 큽니다.

"내가 그리스도와 함께 십자가에 못 박혔나니 그런즉 이제는 내가 사는 것이 아니요 오직 내 안에 그리스도께서 사시는 것이라"(갈 2:20)

성도는 자기가 천국에 갈 수 있을까를 의심하고 두려움이나 염려로 불안한 사람이 아니라 당연히 천국에 가서 하나님의 큰 상을 받으려고 힘쓰고 애써야 할 것이고, 그렇게 할 때 원수도 사랑할 수 있게 되는 것입니다.

▸ **겸손의 상도 받을 수 있습니다.**

세상에서는 높은 사람이 큰 사람이지만 천국에서는 자기를 낮추는 사람이 큰 사람입니다. 세상에서는 유명해지고 성공하고 출세한 사람이 큰 사람이지만 천국에서는 오로지 하나님만 바라보고 겸손하게 섬기는 사람이 큰 상을 받게 되어 있습니다.

"이르시되 진실로 너희에게 이르노니 너희가 돌이켜 어린아이들과 같이 되지 아니하면 결단코 천국에 들어가지 못하리라 그러므로 누구든지 이 어린아이와 같이 자기를 낮추는 사람이 천국에서 큰 자니라"(마 18:3-4)

하나님의 말씀을 받을 때에도 겸손하게 듣는 사람에게 하나님은 큰 은혜를 내려주십니다. 당연하지 않겠습니까? 겸손한 사람은 하나님의 말씀을 크고 중요하게 받는 사람이기 때문입니다.

"그러나 더욱 큰 은혜를 주시나니 그러므로 일렀으되 하나님이 교만한 자를 물리치시고 겸손한 자에게 은혜를 주신다 하였느니라"(약 4:6)

그렇게 겸손하게 은혜를 받은 사람은 사소한 말씀도 귀중하게 여기게 되고, 그렇게 받은 소중한 말씀을 실천하게 되고, 그것으로 인하여 하늘에서 큰 상을 얻게 되는 것입니다.

"그러므로 누구든지 이 계명 중의 지극히 작은 것 하나라도 버리고 또 그같이 사람을 가르치는 자는 천국에서 지극히 작다 일컬음을 받을 것이요 누구든지 이를 행하며 가르치는 자는 천국에서 크다 일컬음을 받으리라"(마 5:19)

이 땅에서도 하나님은 교만한 사람을 물리치시고 겸손한 사람을 존귀하게 만들어주십니다. 교회 안에서도 겸손하여 다른 사람을 높이는 성도가 될 때 하늘에서는 큰 상이 주어지는 것입니다. 믿는 사람이든 믿지 않는 사람이든 더욱더욱 겸손할 수 있어야 하겠습니다.

"사람의 마음의 교만은 멸망의 선봉이요 겸손은 존귀의 길잡이니라"(잠 18:12)

"아무 일에든지 다툼이나 허영으로 하지 말고 오직 겸손한 마음으로 각각 자기보다 남을 낫게 여기고"(빌 2:3)

예수님의 약속은 분명합니다. 자기를 낮추면 예수님께서 높여주십니다. 스스로 높아지면 혹시 높아졌다고 해도 조건이 조금만 사라지면 금방 떨어질 수밖에 없습니다. 세상에서 자신을 위하여 높아지려는 생각도 하지 말아야 하겠지만 적어도 하나님께서 높여주실 것을 기대할 때 천국에서 영생을 누리며 하늘의 상을 받을 수 있는 것입니다.

"너희 중에 큰 자는 너희를 섬기는 자가 되어야 하리라 누구든지 자기를 높이는 자는 낮아지고 누구든지 자기를 낮추는 자는 높아지리라"(마 23:11-12)

▸ 하나님을 위하여 행한 일에는 상이 있습니다.

하늘의 상을 받을 수 있는 일은 전심으로 하나님과 이웃을 사랑하는 모든 일에서 가능합니다. 바울은 주를 사랑하고 하나님께서 세워주신 사명의 푯대를 향하여 달려 나가는 이유를 하늘에서 상을 받기 위해서라고 이야기합니다. 이 땅의 상은 아예 잊어버리고 저 하늘의 상을 향하여 달려가는 사람들이 성도들입니다.

"푯대를 향하여 그리스도 예수 안에서 하나님이 위에서 부르신 부름의 상을 위하여 달려가노라"(빌 3:14)

사람을 잘 대접하는 일은 반드시 하나님의 상으로 이어집니다. 선지자나 의인을 영접하는 일만으로도 선지자나 의인의 상을 받을 것이라고 하십니다. 심지어 같은 그리스도인에게 냉수 한 그릇이라도 대접하면 반드시 상을 받을 것이라고 약속하셨습니다. 왜냐하면 하나님의 일을 감당하고 있는 사람들이기 때문입니다.

"선지자의 이름으로 선지자를 영접하는 자는 선지자의 상을 받을 것이요 의인의 이름으로 의인을 영접하는 자는 의인의 상을 받을 것이요"(마 10:41)

"누구든지 너희가 그리스도에게 속한 자라 하여 물 한 그릇이라도 주면 내가 진실로 너희에게 이르노니 그가 결코 상을 잃지 않으리라"(막 9:41)

전도를 돕는 일에도 각각의 상이 있습니다. 교회로 인도한 사람만 상이 있는 것이 아닙니다. 그를 위하여 기도하고 섬겨주고 사랑해주고 자라게 해주는 모든 사람이 똑같이 상을 받게 되어 있습니다.

"나는 심었고 아볼로는 물을 주었으되 오직 하나님께서

자라나게 하셨나니 그런즉 심는 이나 물 주는 이는 아무 것도 아니로되 오직 자라게 하시는 이는 하나님뿐이니라 심는 이와 물 주는 이는 한가지이나 각각 자기가 일한 대로 자기의 상을 받으리라"(고전 3:6-8)

▸ 상을 받지 못할 때도 있습니다.

하지만 여기에서 아주 중요한 말씀이 전제되어 있습니다. 그것은 아무리 귀한 일이라도 사람들에게 보이려는 행위로는 하늘에서 상을 받을 수 없다는 것입니다.

"사람에게 보이려고 그들 앞에서 너희 의를 행하지 않도록 주의하라 그리하지 아니하면 하늘에 계신 너희 아버지께 상을 받지 못하느니라"(마 6:1)

왜냐하면 하늘에서 받아야 할 상을 이미 세상에서 사람들로부터 받았기 때문입니다. 사람을 의식하거나 사람들에게서 칭찬이나 존경을 받기 위해 어떤 행위를 하면 하늘에서는 아무런 상도 주어질 수가 없습니다.

"그러므로 구제할 때에 외식하는 자가 사람에게서 영광을 받으려고 회당과 거리에서 하는 것 같이 너희 앞에 나팔을 불지 말라 진실로 너희에게 이르노니 그들은 자기 상을 이미 받았느니라"(마 6:2)

"또 너희는 기도할 때에 외식하는 자와 같이 하지 말라 그들은 사람에게 보이려고 회당과 큰 거리 어귀에 서서 기도하기를 좋아하느니라 내가 진실로 너희에게 이르노니 그들은 자기 상을 이미 받았느니라"(마 6:5)

예수님은 이런 모습들을 보고 외식하는 사람들이라고 비판하시면서 그런 사람들에게는 반드시 화가 미칠 것이라고 선포하십니다. 사람들이 볼 때에는 거룩하고 경건한 모습으로 비칠 수도 있지만 하나님의 이름으로 선을 행한다면서 하나님을 의식하는 것이 아니라 사람들에게 잘 보이고 존경받고 높아지려고 행한 모든 일은 외식하는 일인 것입니다.

"화 있을진저 외식하는 서기관들과 바리새인들이여 너희는 천국 문을 사람들 앞에서 닫고 너희도 들어가지 않고 들어가려 하는 자도 들어가지 못하게 하는도다"(마 23:13)

결국 이 땅에서 모든 일에 대해서 순수하게 하나님을 사랑한다는 동기와 과정을 따라 최선을 다해서 살 때에 하늘에서는 거기에 상응하는 상을 주십니다. 상을 의식하거나 어떤 결과를 기대하기보다 하나님께 모든 것을 맡기고 행할 때 천국에서는 틀림없이 상이 주어집니다.

6. 지금 어떻게 천국을 누리는가?

- 평안을 누릴 수 있습니다.
- 기쁨을 누릴 수 있습니다.
- 쉼을 누릴 수 있습니다.
- 염려하지 않을 수 있습니다.
- 예수님 말씀 안에 거하면 됩니다.

우리가 이 책에서 언급하는 천국이란 성도가 죽음 이후에 들어가서 영생하는 천국을 뜻하는 것이지만, 이 땅에서의 삶 가운데에서부터 천국을 누릴 수 있어야 하는 것 또한 사실입니다. 지상에서의 환경이나 삶과는 완전히 다른 천국을 어떻게 이 땅에서 누릴 수 있겠는가 생각할 수 있겠지만 기독교인은 원래 이 세상의 삶 가운데에서 천국을 맛보고 살아가는 사람들입니다. 그것은 천국이 우리들 속에 혹은 우리들의 마음속에 있다는 표현과는 또 다른 차원의 이야기입니다.

물론 우리가 이 땅에서 천국을 누린다고 할 때의 그 천국이란 저 영원한 천국과는 비교도 할 수 없는 일시적이며 국한된 부분에서만 가능한 이야기일 것입니다. 그리고 그런 천국을 누린다고 할지라도 금방 잃어버릴 수밖에 없는 그런 천국일 것입니다. 그럼에도 불구하고 영원한 천국은 이 땅에서 누리는 천국의 연장선상에 있는 것은 사실입니다. 비록 우리가 누리는 천국을 자꾸 잃어버린다고 해도 또 다시 그 천국이 채워질 수 있는 것이 바로 기독교인의 진정한 삶인 것입니다. 마치 샘물을 다 퍼내도 또다시 금방 채워지는 것처럼 말입니다. 그러면서도 우리가 누리는 천국에 대해 모르고 있거나 오해하고 있는 경우도 많이 있을 것이라고 생각합니다. 그래서 이 장에서는 어떻게 천국을 이 땅에서 누릴 수 있을까에 대해 구체적으로 살펴보고자 하는 것입니다.

▸ 평안을 누릴 수 있습니다.

우선 천국의 가장 큰 특징인 평안에 대해서 살펴보겠습니다. 평안이란 무엇일까요? 성경에서 말하는 평안은 우리가 보통 생각하는 편안, 안녕과는 근본적으로 차이가 있습니다. 우리가 누리는 천국으로서의 평안은 환경의 영향을 받지 않는 평안인 것입니다. 세상에서 느끼는 평안은 환경이 평안하면 마음도 평안을 느끼는, 곧 조건적인 평안인 반면에 성경에서 말씀하는 평안은 외부 환경과는 관계없이 누릴 수 있는 심령의 평안을 말하는 것입니다.

그런데 믿음 안에서 누릴 수 있는 천국의 평안이란 엄밀한 의미에서 지상에서는 누릴 수 없는 평안입니다. 왜냐하면 인간 자체로서는 그런 평안을 기대할 수 없기 때문입니다. 그래서 예수님께서도 세상의 평안과 주님께서 주시는 평안을 분명하게 구별하셨던 것입니다.

"평안을 너희에게 끼치노니 곧 나의 평안을 너희에게 주노라 내가 너희에게 주는 것은 세상이 주는 것과 같지 아니하니라 너희는 마음에 근심하지도 말고 두려워하지도

말라"(요 14:27)

　세상에서 평안을 누릴 수 없는 이유는 자꾸 근심이나 두려움이 그 평안을 침범하기 때문입니다. 곧 외적인 환경의 변화에 따라 평안했던 마음도 자꾸 바뀌고 평안이 깨지기 때문입니다. 일상적인 잔잔한 변화 때문에도 마음을 빼앗기기 쉽지만, 세상살이의 복잡다단한 환경을 따라 자연스럽게 평안을 잃어버리게 되는 것입니다.

　그러면 주님께서 주시는 평안을 어떻게 환경의 영향을 받지 않고 이 땅에서 누릴 수 있겠습니까? 그 이유는 염려나 두려움을 줌으로써 평안을 빼앗아갈 수 있는 조건을 예수님께서 제거하셨기 때문입니다. 예수님은 이미 죽음을 이기시고 부활하심으로써 세상을 이기셨습니다. 성도는 그 이기신 것을 받아들이고 믿음으로 예수님을 따라가는 것입니다. 그러니까 예수님을 믿고 의지하면서 세상의 염려나 두려움들을 주님께 전부 맡겨버리는 것입니다. 성도의 나아갈 길이나 죽음 이후까지라도 주님께서 전부 책임지시고 최상의 것으로 채워주심을 믿는 것입니다. 이것이 천국의 평안을 이 세상에서 누릴 수 있는 비결인 것입니다.

　"이것을 너희에게 이르는 것은 너희로 내 안에서 평안을

누리게 하려 함이라 세상에서는 너희가 환난을 당하나 담대하라 내가 세상을 이기었노라"(요 16:33)

▸ 기쁨을 누릴 수 있습니다.

천국을 이 땅에서 누린다고 할 때 또 한 가지 중요한 것이 바로 기쁨입니다. 천국의 중요한 특징 중 하나가 바로 기쁨이 아니겠습니까? 그런데 평안과 마찬가지로 천국의 기쁨은 지상의 기쁨과는 많이 다릅니다. 왜냐하면 지상의 기쁨은 조건적인 기쁨이기 때문입니다. 지상에서는 기쁨의 조건이 사라지면 기쁨도 사라집니다. 당연한 이야기입니다. 그러나 천국의 기쁨은 영원한 기쁨입니다. 그래서 예수님께서도 그 기쁨을 주님의 기쁨이라고 말씀하시는 것입니다.

그러면 어떻게 변함없는 천국의 기쁨을 이 땅에서 누릴 수 있겠습니까? 예수님께서는 그 비결을 하나님의 계명을 지키는 일 곧 주님의 사랑 안에 거하는 것이고 그렇게 되면 천국의 기쁨을 충만하게 할 수 있다고 말씀하십니다. 곧 하나님을 사랑하고 이웃을 사랑하면 천국의 기쁨으로 채워질 수 있다는 말씀입니다.

"내가 아버지의 계명을 지켜 그의 사랑 안에 거하는 것

같이 너희도 내 계명을 지키면 내 사랑 안에 거하리라 내가 이것을 너희에게 이름은 내 기쁨이 너희 안에 있어 너희 기쁨을 충만하게 하려 함이라"(요 15:10-11)

하지만 하나님의 계명을 사람이 그렇게 철저하게 지킬 수 있을까요? 천국의 기쁨을 누릴 수 있을 정도로 그렇게 사랑할 수 있을까요? 그래서 예수님은 기쁨이 충만할 수 있도록 우리를 도우시는 것입니다. 그것은 예수님께서 십자가 고난 후 부활하시고 천국으로 가셔서 보혜사 성령님을 이 땅에 대신 보내심으로써 가능해지는 것입니다. 그렇게 성령께서 역사하실 때 천국의 기쁨으로 충만해질 수 있는 것입니다.

"지금 내가 아버지께로 가오니 내가 세상에서 이 말을 하옵는 것은 그들로 내 기쁨을 그들 안에 충만히 가지게 하려 함이니이다"(요 17:13)

그리고 그 기쁨은 주 예수의 이름으로 주님 뜻을 따라 기도했을 때 응답하심으로써 충만해질 수 있는 것입니다. 필요한 것을 요구하여 받는다는 개념이 아니라 하나님과의 관계가 충만하게 채워졌을 때를 의미하는 것입니다.

"지금까지는 너희가 내 이름으로 아무 것도 구하지 아니하였으나 구하라 그리하면 받으리니 너희 기쁨이 충만하

리라"(요 16:24)

그렇게 성령님으로 인하여 누리게 되는 천국의 기쁨은 세상에서 빼앗기지 않고 지속적으로 누릴 수 있는 기쁨인 것입니다. 혹시 사라지거나 줄어들지라도 그 즉시 채워질 수 있는 샘물 같은 기쁨이 되는 것입니다.

"지금은 너희가 근심하나 내가 다시 너희를 보리니 너희 마음이 기쁠 것이요 너희 기쁨을 빼앗을 자가 없으리라" (요 16:22)

▸ 쉼을 누릴 수 있습니다.

사실상 천국에서 전반적으로 이루어질 수 있는 가장 공통적인 현상은 쉼일 것입니다. 쉼, 안식, 휴식, 모두 비슷한 말입니다. 하지만 지상에서 참된 쉼이 있을까요? 쉼이 있으면 반드시 일이 기다립니다. 지상에서의 쉼은 안식이 아니라 재충전을 뜻합니다. 그러나 천국에서의 쉼은 아무런 염려나 아쉬움이나 아무 조건이 없는 쉼입니다. 모든 것이 완벽하게 성취된 이후의 쉼입니다. 예수님께서 이 땅에서 이루실 일을 다 이루신 후의 쉼입니다. 그것이 죽음이라는 현상으로 나타났지만 죽음 이후에 완전한 쉼이 저 천국에서 이루어지는 것입니다.

"예수께서 신 포도주를 받으신 후에 이르시되 다 이루었다 하시고 머리를 숙이니 영혼이 떠나가시니라"(요 19:30)

그것은 하나님께서 6일 동안 천지를 창조하시고 나서 선포하신 그런 쉼입니다. 천지를 완전하게 창조하신 이후의 완전한 쉼입니다. 천국의 쉼이란 그런 것입니다.
"천지와 만물이 다 이루어지니라 하나님이 그가 하시던 일을 일곱째 날에 마치시니 그가 하시던 모든 일을 그치고 일곱째 날에 안식하시니라 하나님이 그 일곱째 날을 복되게 하사 거룩하게 하셨으니 이는 하나님이 그 창조하시며 만드시던 모든 일을 마치시고 그 날에 안식하셨음이니라"
(창 2:1-3)

하지만 그런 완전한 쉼을 이 세상에서 누릴 수 있습니까? 어떻게 누릴 수 있습니까? 그 비결은 물론 예수님이십니다. 예수님께 모든 것을 다 맡기는 것이 비결입니다. 모든 삶의 시작과 과정과 결과를 모두 맡겨야 합니다. 특히 결과에 대해서 주님께 다 내려놓을 때 비로소 천국의 쉼을 누릴 수 있게 되는 것입니다. 사람이 생각할 때 못 이룬 것이나 끝내지 못한 것이 있을지라도 예수님께 다 내려놓으면 됩니다.
"수고하고 무거운 짐 진 자들아 다 내게로 오라 내가 너

희를 쉬게 하리라"(마 11:28)

  그렇다고 쉼이 아무 것도 하지 않는 것이라고 생각하면 안 됩니다. 천국의 쉼을 누릴지라도 이 땅에서 무엇인가를 하게 되어 있습니다. 그것이 삶입니다. 그래서 예수님은 자기 멍에를 버리고 주님께서 주시는 멍에를 매라고 하시는 것입니다. 주님의 멍에는 충실하게 매기만 하면 그에게는 아무런 책임도 부과되지 않습니다. 주님의 멍에를 매면 결과에 대해 부담을 가질 필요도 없습니다. 주님께서 주시는 대로 감당하다가 보면 모든 것은 주님께서 책임지시는 것입니다. 그렇게 될 때에 천국의 쉼을 이 땅에서 누릴 수 있게 되는 것입니다.
  "나는 마음이 온유하고 겸손하니 나의 멍에를 메고 내게 배우라 그리하면 너희 마음이 쉼을 얻으리니 이는 내 멍에는 쉽고 내 짐은 가벼움이라 하시니라"(마 11:28-30)

▸ 염려하지 않을 수 있습니다.

  이 땅에서 천국의 쉼을 누릴 수 있으려면 근심, 걱정, 두려움, 불안이 없어야 합니다. 그런 마음이 내재되어 있다면 참다운 쉼이 이루어질 수 없습니다. 그래서 예수님은 우리의 일상의 필요 때문에 염려하는 것을 나무라시는 것입니다. 우리의 염려나 두려움의 원인은 결국 우리의 삶에서 비롯되는 것이니까요. 하늘을 날아다니는 새들도 하나님께서 기르시는데 새보다 귀한 성도들을 그냥 내버려 두시겠느냐는 것입니다.

"그러므로 내가 너희에게 이르노니 목숨을 위하여 무엇을 먹을까 무엇을 마실까 몸을 위하여 무엇을 입을까 염려하지 말라 목숨이 음식보다 중하지 아니하며 몸이 의복보다 중하지 아니하냐 공중의 새를 보라 심지도 않고 거두지도 않고 창고에 모아들이지도 아니하되 너희 하늘 아버지께서 기르시나니 너희는 이것들보다 귀하지 아니하냐"(마 6:25-26)

그리고 그렇게 염려하면서 삶에 필요한 것을 구하는 것은 이방인들이나 하는 것이라고 말씀하십니다. 여기에서 이방인은 천국을 믿지 않는 사람들 모두를 뜻하는 것입니다. 하나님을 모르고 믿지 않는 사람들은 당연히 삶의 염려에 얽매일 수밖에 없지만, 하나님을 믿고 인생 자체를 맡겨버린 신앙인들이 그런 것 때문에 염려하고 쉼을 잃어버린다면 무엇 때문에 예수님을 믿겠습니까?

"그러므로 염려하여 이르기를 무엇을 먹을까 무엇을 마실까 무엇을 입을까 하지 말라 이는 다 이방인들이 구하는 것이라 너희 하늘 아버지께서 이 모든 것이 너희에게 있어

야 할 줄을 아시느니라"(마 6:31-32)

그렇게 염려하지 않기 위해서 신앙인들이 해야 할 일은 바로 하나님 나라와 그 의를 구하는 일입니다. 하나님의 뜻대로 세상을 살기 위해 기도하고, 예수님의 마음을 이웃들에게 전하기 위해 애를 쓰고, 불리하고 손해가 날 것 같아도 하나님의 뜻을 따르는 그런 일들입니다. 그것이 이 땅에서 하나님 나라와 그 의를 구하는 일입니다. 그리고 전부 하나님께 맡기면 아무런 염려 없이 천국을 이 땅에서 누릴 수 있게 되는 것입니다.

"그런즉 너희는 먼저 그의 나라와 그의 의를 구하라 그리하면 이 모든 것을 너희에게 더하시리라"(마 6:31-33)

▸ **예수님 말씀 안에 거하면 됩니다.**

마지막으로 이 땅에서 천국의 기쁨과 쉼과 평안을 누릴 수 있기 위한 전체적인 조건은 예수님과의 관계입니다. 이 땅에서 천국 누림의 대전제는 예수님과의 교제입니다. 아무리 무엇을 맡긴다, 무엇을 구한다 해도 가장 기초적으로 예수님 안에 거하는 조건이 없다면 다 불가능해질 뿐입니다.

예수님 안에 거한다고 할 때 그것은 바로 말씀 안에 거하는 것을 뜻합니다. 예수님의 말씀, 성경 말씀 안에서 모든 것을 분별하고 느끼고 그 말씀대로 실천해보는 것이 말씀 안에 거하는 것입니다. 그렇게 되면 여러 가지 압박에서 자유를 또한 누릴 수 있게 되는 것입니다. 말씀 안에 거할 때 천국을 이 땅에서 누릴 수 있게 되는 것입니다.

"그러므로 예수께서 자기를 믿은 유대인들에게 이르시되 너희가 내 말에 거하면 참으로 내 제자가 되고 진리를 알지니 진리가 너희를 자유롭게 하리라"(요 8:31-32)

그리고 동시에 말씀이 사람 안에 거할 때 말씀과 함께 온전한 천국을 이 땅에서 수시로 누릴 수 있게 되는 것입니다. 심지어 그런 상태가 되면 무엇이든지 원하는 것을 구하기만 하면 하나님께서 다 이루어주십니다. 말씀 안에 거하는 것이 바로 예수님 안에 거하는 것이기 때문입니다.

"너희가 내 안에 거하고 내 말이 너희 안에 거하면 무엇이든지 원하는 대로 구하라 그리하면 이루리라"(요 15:7)

이렇게 천국이란 죽어서만 누릴 수 있는 곳이 아니라 이 땅에서도 누려야 하는 곳입니다. 하나님을 믿는 사람은 바로 이런 천국을 이 땅에서 누리는 사람들입니다. 우리의 삶은 저 영원한 천국의 연장선상에 있는 하나의 과정입니다. 이것을 망각하면 자꾸 세상의 것을 추구하고 세상의 것으로 다투게 되고 세상의 것으로 인하여 천국을 빼앗기는 것입니다. 천국은 지금부터 누릴 수 있는 곳이어야 합니다.

성도가 이 땅에서 순간순간 누릴 수 있는 천국을 영원한 나라에서는 언제나 지속적으로 누릴 수 있습니다. 잠시 동안의 천국에서도 기쁨과 행복이 넘치는데, 영원한 천국에서는 얼마나 놀라운 누림이 기다리겠습니까? 이 천국에 대한 소망이 성도로 하여금 세상을 이기게 만들어주는 것입니다. 신실한 신앙생활을 통하여 미리부터 주어진 천국을 환경에 빼앗기지 말아야 하겠습니다. 저 천국은 우리의 영원한 소망입니다.

제2부

지옥 보고서

1. 지옥은 어떤 곳인가?

- 지옥은 흑암의 구덩이입니다.
- 지옥은 영원토록 불타는 곳입니다.
- 지옥은 풀무 불에 녹는 곳입니다.
- 지옥은 아주 고통스러운 곳입니다.
- 지옥은 고통이 멈추지 않는 곳입니다.
- 지옥은 심히 목마른 곳입니다.
- 지옥은 울며 이를 가는 곳입니다.

흔히 피로를 풀기 위해 많이들 가는 불가마 등을 보고 농담으로 "지옥 가는 연습한다."고 말하는 경우가 있습니다. 때로는 젊은이들이 밀집하여 춤을 추는 모습을 보고 불타는 지옥 불 위에서 괴로워 몸부림치는 모습 같다고도 합니다. 물론 농담이지만, 만약에 고대인이 불가마나 집단적으로 밀집하여 춤추는 모습을 본다면 정말 지옥의 모습으로 볼 수도 있을 것입니다.

지옥이 정말 있느냐는 의구심을 가지거나 부인하거나 그럴 리 없다고 논리적으로 부정하거나 속임수라고 공격하는 경우가 많습니다. 사실 지옥에 다녀온 사람은 없습니다. 그럴 수가 없는 것이죠. 그런데 무엇을 근거로 지옥에 대해 주장할 수 있느냐고 할 수도 있을 것입니다. 지옥에 다녀왔다고 간증하는 경우도 가끔 있지만 엄밀하게 말하면 진짜처럼 느껴지는 환상을 본 것이지 진짜 지옥은 아닙니다. 그럼에도 불구하고 성령께서 특별한 경우에 진짜 지옥과 같은 경험을 하게 하시는 일은 충분히 가능하다고 생각합니다.

하지만 우리는 지옥에 대해 믿을 만한 충분한 근거가 있습니다. 가장 정확한 근거는 바로 예수님의 말씀입니다. 성경에 나오는 예수님의 말씀이 그 당시 기독교 지도자들에 의해 의도적으로 편집된 것이라고 합니다만, 그렇더라도 예수님의 말씀은 예수님께서 직접 주신 말씀이라고 믿을 수 있는 이유가 바로 성경 말씀의 신실성에 있습니다.

굳이 구약을 따지지 않더라도 성경 속의 모든 말씀과 사건과 능력과 증거가 너무나도 또렷하기 때문입니다. 예수님의 말씀 중에 거짓인 경우가 있습니까? 예수님께서 하신 말씀은 사도들과 그 이후의 제자들을 통하여 모두 이루어졌고, 그 말씀 그대로 기독교 역사와 현실 속에서 전부 성취되었습니다. 그런데 다른 말씀은 다 진실로 믿으면서 굳이 천국과 지옥에 관해서만 부정할 수 있을까요?

지옥은 예수님의 말씀대로 분명히 존재하고 있고, 다른 성경을 내밀지 않더라도 예수님의 직접 말씀만으로 어떤 곳인지 우리에게 잘 알려져 있습니다. 지옥은 꺼지지 않는 불 속에서 고통당해야 하는 곳이고, 아무리 목이 말라도 물을 절대 마실 수 없는 곳이며, 영원히 헤어날 수 없는 바닥이 없는 구덩이와 같은 곳이고, 고통이 영원토록 지속되는 곳입니다.

▸ **지옥은 흑암의 구덩이입니다.**

지옥의 가장 큰 특징은 거대한 흑암의 구덩이라는 것입니다. 물론 불타는 곳이기 때문에 빛이 전혀 없는 곳은 아니지만, 불빛을 제외한 다른 빛은 완전히 차단된 암흑의 장소인 것은 분명합니다.

"하나님이 범죄한 천사들을 용서하지 아니하시고 지옥에 던져 어두운 구덩이에 두어 심판 때까지 지키게 하셨으며"(벧후 2:4)

왜 지옥은 빛이 없는 어둠의 장소일까요? 당연하지만 하나님의 빛으로부터 스스로 차단된 장소이기 때문입니다. 우리들이 강한 빛을 보고 나면 앞이 안 보이고 태양 빛도 오래 보면 눈이 상하게 되지만 지옥은 오히려 어둠에 눈이 멀어버린 사람들이 가는 곳입니다. 하나님이 계시지 않는 곳은 빛이 전혀 없으므로 흑암이 지배할 수밖에 없습니다.

"그의 형제를 미워하는 자는 어둠에 있고 또 어둠에 행하며 갈 곳을 알지 못하나니 이는 그 어둠이 그의 눈을 멀게 하였음이라"(요일 2:11)

그러면 왜 지옥을 구덩이라고 표현할까요? 귀신들이 무저갱(無底坑, 끝이 없어 영원히 빠져나올 수 없는 구덩이)이라고 말한 부분을 주목해보면, 엄청나게 큰 구덩이에 빛이라고는 전혀 없는 상황에서 바닥의 깊이를 전혀 상상할 수 없는 그런 구덩이가 있는데 거기에 빠져 밑으로 한없이 빨려 들어간다고 생각해보면 아주 조금은 이해될 것도 같습니다. 흑암의 구덩이인 지옥이 얼마나 두려운지 심지어 귀신들도 제발 그 구덩이에 던져지지 않기를 예수님께 간구하지 않았습니까?

"예수께서 네 이름이 무엇이냐 물으신즉 이르되 군대라 하니 이는 많은 귀신이 들렸음이라 무저갱으로 들어가라 하지 마시기를 간구하더니"(눅 8:30-31)

그리고 성경은 영원한 결박으로 흑암에 가두는 곳이 지옥이라고 말씀했습니다. 이 흑암의 구덩이는 예수님의 재림 시 사람들에게 영벌과 영생의 부활이 나타나고 영원한 최후의 지옥과 천국으로 가기 전까지 임시로 존재하는 지옥이라고 할 수도 있습니다. 하지만 어느 경우에도 지옥이라는 상황 자체에는 변함이 없습니다.

"또 자기 지위를 지키지 아니하고 자기 처소를 떠난 천사들을 큰 날의 심판까지 영원한 결박으로 흑암에 가두셨으며"(유 6)

▸ **지옥은 영원토록 불타는 곳입니다.**

물론 지옥이란 단순히 흑암의 구덩이만은 아닙니다. 지

옥은 불타는 곳이며, 그 불은 결코 꺼지지 않습니다. 한 마디로 지옥은 불구덩이입니다. 그래서 예수님은 차라리 이 땅에서 장애인으로 살다가 천국에 가는 것이 건강하고 잘 살다가 지옥에 가는 것보다 훨씬 낫다고 말씀하시는 것입니다.

"만일 네 눈이 너를 범죄하게 하거든 빼어 내버리라 한 눈으로 영생에 들어가는 것이 두 눈을 가지고 지옥 불에 던져지는 것보다 나으니라"(마 18:9)

그냥 나은 정도가 아니라 차라리 팔이나 다리를 잘라버리거나 눈을 뽑아버리더라도 지옥에는 가지 말아야 한다는 매우 강력한 말씀을 하시는 것입니다. 여기에서도 예수님은 지옥이란 꺼지지 않는 불이라고 말씀하십니다.

"만일 네 손이 너를 범죄하게 하거든 찍어버리라 장애인으로 영생에 들어가는 것이 두 손을 가지고 지옥 곧 꺼지지 않는 불에 들어가는 것보다 나으니라"(막 9:43)

단순히 뜨거운 불구덩이만이겠습니까? 그냥 뜨겁다면 견딜 수도 있겠죠. 하지만 그 불 위에 올라가서 소금 치듯이 온몸이 불타오른다는 것입니다. 이 말을 '쉬운성경'에서는 '소금 절이듯 불로 절여질 것'이라고 표현했고, 현대어성경에는 '불소금에 절여진다'라고 번역했습니다. 본문이

소금처럼 불로 정결케 되는 것을 의미한다는 말도 맞지만, '불'이 중심단어이기 때문에 여기에서는 지옥에 대한 묘사로 보는 것입니다.

"사람마다 불로서 소금 치듯 함을 받으리라"(막 9:49)

예수님은 부자와 나사로의 비유에서도 부자가 지옥에서 불꽃 가운데 괴로워하고 있음을 묘사하셨습니다. 지옥불이 무서운 이유는 지옥에 있는 사람들이 불에 태워지는 것이기 때문에 무서운 것입니다.

"아버지 아브라함이여 나를 긍휼히 여기사 나사로를 보내어 그 손가락 끝에 물을 찍어 내 혀를 서늘하게 하소서 내가 이 불꽃 가운데서 괴로워하나이다"(눅 16:24)

▸ **지옥은 풀무 불에 녹는 곳입니다.**

그런데 성경은 불에 타는 고통을 더욱 상세하게 설명하고 있습니다. 우리가 그냥 상상하듯이 불에 타는 것이 아니라 용광로에서 철이 녹듯이 그렇게 녹는 고통을 당한다는 것입니다. 그냥 타는 것도 아니고 녹아버릴 정도라면 그 고통의 정도를 짐작도 할 수 없을 것입니다. 그것은 죄에 대한 하나님의 노와 분이라고 말씀하고 있습니다. 죄가 얼마나 무섭고 두려운 것인가를 조금이라도 느낄 수 있어야 하겠습니다.

"사람이 은이나 놋이나 쇠나 납이나 주석이나 모아서 풀무 불 속에 넣고 불을 불어 녹이는 것 같이 내가 노여움과 분으로 너희를 모아 거기에 두고 녹이리라"(겔 22:20)

그런 죄악이 얼마나 심하고 하나님을 얼마나 무시했으면 여호와의 진노가 극심하여 은이 풀무 불에 녹는 것처럼 그렇게 녹여버리겠다고 말씀하시겠습니까? 지옥에 떨어지는 무리들에 대한 하나님의 진노가 집단적으로 아주 극심하여 한꺼번에 녹여버리시는 것입니다.

"은이 풀무 불 가운데에서 녹는 것 같이 너희가 그 가운데에서 녹으리니 나 여호와가 분노를 너희 위에 쏟은 줄을 너희가 알리라"(겔 22:22)

성경에서는 다니엘의 세 친구가 극심한 풀무 불에 던져지는 이야기가 나옵니다. 풀무 불을 평소보다 일곱 배나 더 뜨겁게 한 채 세 친구를 집어던진 이야기입니다. 얼마나 뜨거웠든지 세 친구를 붙잡고 있는 사람들이 불에 타 죽었습니다. 물론 그 와중에서도 천사가 세 사람을 전적으로 보호하심으로써 아무런 일도 일어나지 않았습니다.

"왕의 명령이 엄하고 풀무불이 심히 뜨거우므로 불꽃이 사드락과 메삭과 아벳느고를 붙든 사람을 태워 죽였고"(단

3:22)

요한계시록에는 최후의 지옥을 '불 못'이라고 표현하고 있습니다. 불 못이란 물 대신 마치 벌겋게 불타오르고 있는 용암으로 된 연못이라는 뜻인데, 풀무 불이든 불 못이든 용광로를 뜻하는 것 같지 않습니까? 다큐에서 보듯이 시뻘겋게 녹아있는 용암이 흘러내리는 광경을 생각한다면 이해가 빠를 것 같습니다. 이 용암에 빠진다고 생각해보십시오. 얼마나 끔찍한 일이겠습니까? 그런데 바로 지옥이 그런 곳이라는 말씀입니다.

"사망과 음부도 불 못에 던져지니 이것은 둘째 사망 곧 불 못이라 누구든지 생명책에 기록되지 못한 자는 불 못에 던져지더라"(계 20:14-15)

지옥 불은 용광로에서 각종 금속을 녹이는 것처럼 그렇게 지옥에 떨어진 영혼들을 녹이는 불이지만, 그 영혼이 불타 없어지는 것은 아닙니다. 용암은 단번에 태워버리겠지만 지옥은 태워져서 사라지는 것이 아니라 그 끔찍한 고통만 지속적으로 반복되는 무서운 곳입니다.

▸ **지옥은 아주 고통스러운 곳입니다.**

지옥은 당연히 고통스러운 곳입니다. 고통이란 육체가 비정상적인 경우, 즉 질병이나 사고나 이상이 발생할 때 수반되는 육체적 통증을 말하는데 사실 고통이란 인간에게 반드시 필요한 것입니다. 왜냐하면 고통이 있으므로 질병이나 이상현상을 발견할 수 있는 것이니까요. 그래서 나병환자의 가장 큰 괴로움은 통증을 못 느끼는 것이라고 하지 않습니까?

보통 치통이나 통풍을 가장 괴로운 질병으로 생각하기도 하고 척추에 병이 들었을 때 치유하는 과정에서 너무 심각한 통증을 느낀다고 합니다. 성경에는 뼈를 깎는 고통, 해산하는 고통을 심한 고통으로 묘사하고 있습니다.
"이러므로 내 마음이 뼈를 깎는 고통을 겪으니 차라리 숨이 막히는 것과 죽는 것을 택하리이다"(욥 7:15)
"거기서 떨림이 그들을 사로잡으니 고통이 해산하는 여인의 고통 같도다"(시 48:6)

성경은 지옥의 고통에 대해서 여러 가지를 상세하게 이야기하지 않습니다. 주로 불에 타거나 녹는 고통으로 묘사하고 있으며, 한 가지 덧붙인다면 전갈의 고통을 말할 수 있는데 이 고통 역시 불에 타는 고통과 동일한 고통이 될 것입니다.

"그러나 그들을 죽이지는 못하게 하시고 다섯 달 동안 괴롭게만 하게 하시는데 그 괴롭게 함은 전갈이 사람을 쏠 때에 괴롭게 함과 같더라"(계 9:5)

이렇게 볼 때 지옥의 고통은 불에 타거나 또는 녹는 고통이라고 할 수 있습니다. 물론 우리는 그 고통의 실체를 정확하게 알 수는 없습니다. 다만 인간이 육체로 생존했을 때 겪을 수 있는 여러 가지 고통 중에서 가장 극심한 고통의 현장이 바로 지옥일 것이라는 점은 확실합니다. 성경은 견딜 수 없는 아픔을 스올의 고통이라고 말하고 있습니다.

"사망의 줄이 나를 두르고 스올의 고통이 내게 이르므로 내가 환난과 슬픔을 만났을 때에"(시 116:3)

▸ 지옥은 고통이 멈추지 않는 곳입니다.

이미 언급했지만, 지옥의 더 심각한 문제는 그렇게 극심한 고통이 멈추지 않는다는 데 있습니다. 현실세계에서는 심한 고통을 받더라도 시간이 지나면 사라지게 되어 있습니다. 그러나 지옥은 온몸이 불에 타는 고통으로 인하여 너무나도 괴로운 곳이어서 수만 번이라도 죽고 싶겠지만 고통스럽다고 해서 죽을 수 있는 곳은 아닙니다.

"그 날에는 사람들이 죽기를 구하여도 죽지 못하고 죽고

싶으나 죽음이 그들을 피하리로다"(계 9:6)

 오죽하면 구더기도 죽지 않는다고 했겠습니까? 이사야는 벌레가 죽지 않는 곳이라고 표현했습니다. 구더기나 벌레가 지옥에서 살고 있을 리는 없지만, 이 말씀은 하잘것없는 벌레조차도 죽지 않는 곳이라는 말이고, 그것은 지옥에 간 사람은 특히 절대 죽지 않고 영원토록 고통을 당하는 곳이라는 뜻을 가지고 있습니다.
 "거기에서는 구더기도 죽지 않고 불도 꺼지지 아니하느니라"(막 9:48)
 " … 그 벌레가 죽지 아니하며 그 불이 꺼지지 아니하여 모든 혈육에게 가증함이 되리라"(사 66:24)

 우리 조상들은 불을 꺼뜨리지 않기 위해 얼마나 노력했습니까? 하지만 지옥의 불은 꺼뜨릴 수가 없습니다. 아주 먼 언제인가는 결국 소멸되겠지만 태양이 꺼지겠습니까? 꺼지지 않는 태양을 지으신 분이 지옥 불은 꺼지게 만드셨겠습니까? 지옥에서는 꺼지지 않는 불에 태워지는 고통을 받게 된다는 것입니다.
 "손에 키를 들고 자기의 타작마당을 정하게 하사 알곡은 모아 곳간에 들이고 쭉정이는 꺼지지 않는 불에 태우시리라"(눅 3:17)

지옥에 빠진 사람들은 사형이나 무기징역이 아니라 영원한 형벌, 영원한 불의 형벌을 받을 것입니다. 정해진 형벌로 확정된 이상 영원한 고통을 당할 수밖에 없습니다. 지옥 불의 형벌은 죽음과 동시에 확정되며 상고나 항소도 할 수 없습니다.

"이런 자들은 주의 얼굴과 그의 힘의 영광을 떠나 영원한 멸망의 형벌을 받으리로다"(살후 1:9)

"소돔과 고모라와 그 이웃 도시들도 그들과 같은 행동으로 음란하며 다른 육체를 따라 가다가 영원한 불의 형벌을 받음으로 거울이 되었느니라"(유 1:7)

▸ 지옥은 심히 목마른 곳입니다.

지옥의 영원한 불의 형벌을 받는 사람에게 있어서 또 그만큼의 고통이 동반되는데 그것은 목마름의 고통입니다. 사막에서 헤매는 사람이 있다고 할 때 물 한 방울이라도 마신 사람과 못 마신 사람의 차이는 삶과 죽음의 차이로 나타난다고 합니다. 지옥에서의 배고픔에 대해서는 성경에서 찾을 수가 없습니다. 물론 영혼은 음식을 취할 필요가 없고 영혼을 유지하는 데 필요한 에너지가 어떤 것인지는 알 길이 없습니다. 그러나 목마름의 고통은 단편적으로 나와 있습니다.

부자와 나사로의 비유에서 예수님은 지옥에 간 부자가 그 고통을 잠시라도 잊고 싶어서 손가락 끝에 물 한 방울이라도 찍어서 혀에 대달라고 애원하는 장면을 말씀하십니다. 지옥에 빠진 부자가 얼마나 목이 마르면 불에 타는 고통이 극심할 텐데 잠시 불에서 꺼내달라는 소원 대신 물 한 방울이라도 달라고 사정하겠습니까?

"불러 이르되 아버지 아브라함이여 나를 긍휼히 여기사 나사로를 보내어 그 손가락 끝에 물을 찍어 내 혀를 서늘하게 하소서"(눅 16:24上)

욥은 지옥의 개념을 물이 없어 물 한 방울도 먹을 수 없는 곳이라고 정의하고 있습니다. 불타는 고통만이 고통이 아니라 물이 없어 심한 목마름의 고통도 지옥의 고통인 것입니다.

"가뭄과 더위가 눈 녹은 물을 곧 빼앗나니 스올이 범죄자에게도 그와 같이 하느니라"(욥 24:19)

목마름의 고통은 극심합니다. 단순히 육체가 목마른 것을 넘어서 생명의 위협까지 느끼게 만드는 것이 목마름입니다. 예수님도 십자가에 달리셨을 때 그 깊은 상처의 고통이 극심할 텐데도 마지막에 목마르다는 말씀을 하지 않으셨습니까?

"그 후에 예수께서 모든 일이 이미 이루어진 줄 아시고 성경을 응하게 하려 하사 이르시되 내가 목마르다 하시니"(요 19:28)

그런 내용들을 떠나서 지옥은 영원히 꺼지지 않는 불에 태워지는 곳이므로 당연히 목마를 것이 아니겠습니까? 그래서 예수님께서 스스로를 '영생하도록 솟아나는 샘물'이라고 말씀하셨습니다. 지옥과 반대되는 개념으로 샘물을 말씀하신 것입니다. 생명수라고 할 때 우리는 극심한 목마름을 생각할 수 있어야 하겠습니다.

"내가 주는 물을 마시는 자는 영원히 목마르지 아니하리니 내가 주는 물은 그 속에서 영생하도록 솟아나는 샘물이 되리라"(요 4:14)

▸ 지옥은 울며 이를 가는 곳입니다.

지옥에서 당하는 고통은 반드시 육체로 인한 고통만 있는 것은 아닙니다. 지옥에 가서 악에 받치거나 저주하거나 독이 오른 모습도 상상할 수는 있겠지만, 절대자에 의해 지옥에 영원히 갇힌 사람이 그런 악을 지속적으로 나타낼 수는 없을 것입니다. 오히려 먼저 슬픔이 그를 괴롭힐 것 같습니다. 예수님의 말씀 속에서도 슬피 우는 장면을 여러 번 말씀하십니다. 영원한 슬픔에 고통당해야 하는 곳이 바로 지옥인 것입니다.

"엄히 때리고 외식하는 자가 받는 벌에 처하리니 거기서 슬피 울며 이를 갈리라"(마 24:51)

예수님께서 여러 번 말씀하신 '이를 간다'는 것은 이를 악문다는 뜻으로, 슬픔으로 인한 울음과 함께 극심한 절망감에 입을 꽉 다물고 괴로워하는 모습을 뜻한다고 할 수 있습니다. 그러니까 절망감이라는 고통을 영원토록 느끼게 된다는 말씀입니다.

"풀무 불에 던져 넣으리니 거기서 울며 이를 갈게 되리라"(마 13:42)

다음에는 부끄러운 감정 때문에 고통을 당할 것 같습니다. 큰 죄를 지었을 때 부끄러움을 느낍니다. 영원한 부끄러움에 고통당하지만 숨을 곳이 없습니다. 그래서 더욱 고통스러운 것입니다.

"여호와여 내가 주를 불렀사오니 나를 부끄럽게 하지 마시고 악인들을 부끄럽게 하사 스올에서 잠잠하게 하소서"(시 31:17)

하지만 부자와 나사로의 비유에 보면 육체의 고통과 함

께 다른 고통도 있는 것을 알 수 있습니다. 그것은 가족 구원에 대한 안타까움입니다.

"이르되 그러면 아버지여 구하노니 나사로를 내 아버지의 집에 보내소서 내 형제 다섯이 있으니 그들에게 증언하게 하여 그들로 이 고통 받는 곳에 오지 않게 하소서"(눅 16:27-28)

막상 지옥 불에 떨어져보니까 너무나도 괴롭고 고통스럽고 목마릅니다. 진작 하나님을 믿지 않은 것이 몹시도 후회가 됩니다. 후회는 후회지만 자기 형제들, 사랑하던 사람들이 또 이 고통스러운 곳으로 와야 한다는 것을 견딜 수가 없었던 것입니다. 당장 손가락의 물 한 방울조차 허락되지 않자 영혼구원에 대한 안타까움이 고통이 되어버렸던 것입니다. 여태까지 생각하지 못했던 큰 고통입니다.

2. 지옥은 왜 만들어졌는가?

- 마귀(사탄)의 정체를 아십니까?
- 지옥은 마귀를 가두기 위해 예비되었습니다.
- 지옥은 마귀에게 속한 자들을 위해 있습니다.
- 지옥은 스스로 선택한 곳입니다.
- 지옥은 저절로 가는 곳입니다.

하나님은 사랑이라는데 왜 지옥 같은 것을 만들어두고 직접 창조하셨다는 사람들을 그곳에 가도록 내버려두는 것일까요? 지옥과 천국에 관해서는 거의 모든 종교가 그 존재를 인정하고 있습니다. 그것은 어느 종교이든지 전능자가 존재한다는 믿음을 근거로 하고 있으며, 그 전능자가 창조주이든 아니면 그 어떤 영향력이든 사람의 일생 중에서 행한 일을 중심으로 심판한다는 사상이라고 할 수 있습니다. 다른 여러 종교에서도 특히 지옥에 관해서는 거의 모두 동일하게 묘사하는 것을 볼 수 있습니다.

하나님은 공평하신 분이십니다. 하나님을 믿지 않는 사람들도 하나님은 공평하셔야 한다고 생각할 것입니다. 그래서 억울한 일을 당한 사람들이 하나님이 어디 계시느냐고 하늘을 원망하는 경우도 많이 있지 않습니까? 기독교 신앙인들도 마찬가지입니다. 만약에 하나님이 공평하지 못하시다면 하나님을 어떻게 믿을 수 있겠습니까? 물론 그러므로 하나님께서는 영혼에 관해서도 공평하십니다. 심판을 하시거나 상을 주실 것입니다.

심판이나 상이 있다면 어떤 형태로 행하시겠습니까? 심판은 지옥으로, 상은 천국으로 주어지는 것이 아니겠습니까? 너무나도 쉽고 당연한 이야기이지만 지옥이나 천국에 관한 확신을 가지는 일은 그리 간단하지 않습니다. 그리고 그 확신에 근거해서 이 세상을 살아가는 기준으로 삼는다는 일은 더더욱 간단하지 않습니다. 그래서 이 책이 나오게 된 것입니다.

그렇다고는 하더라도 사랑의 하나님께서 왜 지옥을 만드셨을까요? 물론 하나님은 공의의 하나님이시므로 불의한 자들을 지옥에 보내신다는 생각은 할 수 있을 것입니다. 하지만 동시에 사랑 그 자체이신 하나님께서 어떻게 피조물인 인간을 지옥에 보내실 수 있단 말입니까? 그것 때문에 예수님께서 그 하나님의 공의를 대신 갚으시기 위해 이 땅에 오셨지만, 그 예수님을 거부하는 사람들에게는 어쩔 수 없이 심판을 허락하실 수밖에 없는 것입니다. 본론으로 들어가서 왜 지옥이 만들어졌는지 살펴보겠습니다.

▸ 마귀(사탄)의 정체를 아십니까?

사탄은 이미 천지창조 이전부터 존재했었습니다. 성경은 사탄을 뱀으로 묘사하고 있습니다. 하와를 꾀어 선악과를 따먹게 유혹했던 주인공이자 인류가 범죄하고 타락하여 에덴동산에서 쫓겨나도록 꾸밈으로써 하나님의 창조사

역을 직접적으로 훼방한 악의 근원적인 존재입니다. 성경은 이 뱀이 마귀 또는 사탄이라고 가르쳐주고 있습니다.

"뱀이 여자에게 이르되 너희가 결코 죽지 아니하리라 너희가 그것을 먹는 날에는 너희 눈이 밝아져 하나님과 같이 되어 선악을 알 줄 하나님이 아심이니라"(창 3:4-5)

"큰 용이 내쫓기니 옛 뱀 곧 마귀라고도 하고 사탄이라고도 하며 온 천하를 꾀는 자라"(계 12:9上)

성경은 하늘에서 전쟁이 벌어짐을 설명하고 있는데 그것은 천사들의 무리와 마귀의 무리들 간의 싸움이었습니다. 하지만 아무리 사탄이 강해도 하나님을 이길 수는 없습니다. 그래서 땅으로 쫓겨 내려오게 되는 것입니다.

"하늘에 전쟁이 있으니 미가엘과 그의 사자들이 용으로 더불어 싸울새 용과 그의 사자들도 싸우나 이기지 못하여 다시 하늘에서 저희의 있을 곳을 얻지 못한지라"(계 12:7-8)

이 때 마귀(사탄)과 그의 사자들 곧 부하(악령, 귀신)들도 전부 함께 쫓겨나게 됩니다.

"큰 용이 내쫓기니 옛 뱀 곧 마귀라고도 하고 사탄이라고도 하며 온 천하를 꾀는 자라 그가 땅으로 내쫓기니 그의 사자들도 그와 함께 내쫓기니라"(계 12:9)

성경은 이렇게 타락한 마귀와 그 부하들을 '자기 처소를 떠난 천사들' 혹은 '범죄한 천사들'이라고 표현합니다.

"또 자기 지위를 지키지 아니하고 자기 처소를 떠난 천사들을 큰 날의 심판까지 영원한 결박으로 흑암에 가두셨으며"(유 6)

"하나님이 범죄한 천사들을 용서하지 아니하시고 지옥에 던져 어두운 구덩이에 두어 심판 때까지 지키게 하셨으며"(벧후 2:4)

▸ 지옥은 마귀를 가두기 위해 예비되었습니다.

사탄과 부하들에 대해서는 요한계시록의 말씀들을 많이 인용하는데, 묘사되고 있는 지옥이나 그 시기에 관해서 성경해석의 차이가 있을 수 있습니다. 하지만 성경의 어느 곳을 인용하든지 사탄과 그 부하들의 유래와 특성과 그들이 최후에 영원토록 고통당해야 할 지옥에 관해서는 동일한 묘사를 보여주고 있습니다.

지옥은 생전에 악한 죄를 저지른 사람들이나 하나님을 거부하는 사람들을 집어넣기 위해 하나님께서 만드신 곳이 아닙니다. 하나님께 반역하고 천사들과 전쟁을 벌인 '마귀를 가두기 위해 예비하신 곳'이었습니다. 마귀를 가둘 곳을 성경은 '영원한 불', '불과 유황 못'이라고 표현하고 있습니다.

"또 왼편에 있는 자들에게 이르시되 저주를 받은 자들아 나를 떠나 마귀와 그 사자들을 위하여 예비된 영원한 불에 들어가라"(마 25:41)

"또 그들을 미혹하는 마귀가 불과 유황 못에 던져지니 거기는 그 짐승과 거짓 선지자도 있어 세세토록 밤낮 괴로움을 받으리라"(계 20:10)

마귀가 가야 할 지옥은 흑암, 지옥, 어두운 구덩이 등의 다른 이름을 가지고 있으며, 그 마귀와 함께 그의 부하들 곧 범죄한 천사, 자기 자리를 떠난 천사들도 함께 가두게 되어 있습니다.

"또 자기 지위를 지키지 아니하고 자기 처소를 떠난 천사들을 큰 날의 심판까지 영원한 결박으로 흑암에 가두셨으며"(유 6)

"하나님이 범죄한 천사들을 용서하지 아니하시고 지옥에 던져 어두운 구덩이에 두어 심판 때까지 지키게 하셨으며"(벧후 2:4)

▸ **지옥은 마귀에게 속한 자들을 위해 있습니다.**

그런데 왜 마귀와 타락한 천사들이 가야 하는 지옥에 사람이 가게 됩니까? 그 이유는 지옥에 가야 할 사람들은 마귀와 타락한 천사들을 추종하는 사람들이기 때문입니다. 죄를 짓는 자는 마귀에게 속한 자입니다. 마귀에게 속한 자는 마귀와 같은 형벌에 처해집니다.

"죄를 짓는 자는 마귀에게 속하나니 마귀는 처음부터 범죄함이라 하나님의 아들이 나타나신 것은 마귀의 일을 멸하려 하심이라"(요일 3:8)

사람이 마귀와 함께 반역한 것도 아닌데 왜 사람에게 똑같은 형벌이 주어집니까? 마귀가 하는 것을 똑같이 따라하는 사람이기 때문입니다. 이것을 성경은 마귀의 자녀라고 표현하고 있습니다. 하나님의 자녀와 대비되는 개념인 마귀의 자녀는 마찬가지 원리로 하나님께 속하지 않은 사람을 뜻합니다.

"이러므로 하나님의 자녀들과 마귀의 자녀들이 드러나나니 무릇 의를 행하지 아니하는 자나 또는 그 형제를 사랑하지 아니하는 자는 하나님께 속하지 아니하니라"(요일 3:10)

따라서 하나님께 속하지 않은 사람이 지옥으로 가야 하는 이유는 그 사람의 아비 곧 마귀의 욕심대로 행하기 때문입니다. 거짓도 마귀의 특성이므로 거짓에 빠지지 않도록 해야 합니다. 모함, 무고한 고소, 꼬투리 고발 등도 거짓에 속한 것이므로 이것을 사용하면 그는 마귀의 아들일 가능성이 큽니다.

"너희는 너희 아비 마귀에게서 났으니 너희 아비의 욕심대로 너희도 행하고자 하느니라 그는 처음부터 살인한 자요 진리가 그 속에 없으므로 진리에 서지 못하고 거짓을 말할 때마다 제 것으로 말하나니 이는 그가 거짓말쟁이요 거짓의 아비가 되었음이라"(요 8:44)

하지만 마귀와 귀신들이 사람을 직접 지옥에 끌고 갈 수 있는 것은 결코 아닙니다. 다만 유혹하고 협박하고 속여서 사람이 스스로 지옥에 가도록 만들 뿐입니다. 믿음만 가지고 있으면 두려워할 상대가 아닙니다.

"몸은 죽여도 영혼은 능히 죽이지 못하는 자들을 두려워하지 말고 오직 몸과 영혼을 능히 지옥에 멸하실 수 있는 이를 두려워하라"(마 10:28)

▸ **지옥은 스스로 선택한 곳입니다.**

지옥은 하나님께서 일부러 만드신 곳이 아니라 사탄과 부하들이 쫓겨나 자기들의 거할 처소로 삼은 곳입니다. 물론 사탄 자신이 지옥을 직접 만든 것은 아니지만 빛 되신 하나님을 피해서 도망친 곳이 지옥이라고도 할 수 있기 때문입니다. 마치 두더지가 빛을 피해 땅속에 굴을 파고 사는 것과 같습니다. 빛은 타락한 천사가 가장 싫어합니다. 그렇기 때문에 어떤 의미에서 지옥은 사탄이 만든 곳입니다.

사람도 마찬가지입니다. 자신도 모르게 세상 욕심을 따라가다 보면 하나님을 믿지 않고 피하거나 도망치거나 비판하는 사람이 되고 마는데, 빛 되신 하나님을 피하다가 보니까 자연스럽게 어둠의 왕인 마귀를 쫓아가게 되는 것입니다. 그렇다면 지옥은 죄 지은 사람을 하나님께서 억지로 잡아다가 던져버리는 곳이 아닙니다. 죄 지은 사람이 스스로 가는 곳입니다.

"그는 그의 침상에서 죄악을 꾀하며 스스로 악한 길에 서고 악을 거절하지 아니하는도다"(시 36:4)

어리석기 때문이든 스스로 좋아하기 때문이든 사람은 스스로 믿는 대로 행하게 되어 있습니다. 지옥은 스스로 선택하는 것이지 다른 사람이 선택해 주는 곳이 결코 아닙니다. 인간의 자유의지 때문입니다.

"지혜로운 자는 두려워하여 악을 떠나나 어리석은 자는

방자하여 스스로 믿느니라"(잠 14:16)

그러면서도 스스로는 잘못이 없다고 생각하거나 말하는 것은 진리를 모르기 때문입니다. 그렇지 않다면 스스로를 속이는 것입니다.
"만일 우리가 죄가 없다고 말하면 스스로 속이고 또 진리가 우리 속에 있지 아니할 것이요"(요일 1:8)

하나님을 떠나 세상이 좋아하는 길로 빠진다면 그 길은 하나님과 원수 되는 길이라는 사실을 명심해야 합니다. 그 길은 스스로 지옥의 올무에 걸려드는 무서운 길인 것입니다.
" … 누구든지 세상과 벗이 되고자 하는 자는 스스로 하나님과 원수 되는 것이니라"(약 4:4)
"악인이 범죄하는 것은 스스로 올무가 되게 하는 것이나 의인은 노래하고 기뻐하느니라"(잠 29:6)

▸ 지옥은 저절로 가는 곳입니다.

지옥은 누가 억지로 밀어 넣는 곳이 아니라 죽으면 저절로 가게 되어 있는 곳입니다. 몸은 괴롭지만 마음은 자연스럽게 지옥으로 가게 되는 것입니다. 왜냐하면 죄인은 천국에는 갈 수도 없거니와 천국에 가도 살 수가 없기 때문입니다. 그래서 마귀의 종이 되어 하나님을 배척하고 세상을 속이고 스스로를 속이면서 산 사람은 천국에 갈 수 없는 것입니다. 천국은 빛이기 때문입니다. 천국에서는 태양과 등불이 필요가 없습니다.

"다시 밤이 없겠고 등불과 햇빛이 쓸 데 없으니 이는 주 하나님이 그들에게 비치심이라 그들이 세세토록 왕 노릇 하리로다"(계 22:5)

하나님을 외면하는 사람들에게는 하나님의 빛, 하나님의 얼굴이 얼마나 무섭든지 차라리 산과 거대한 바위들이 자기 위로 무너져 완전히 덮어버리기를 원하게 됩니다. 그것이 하나님의 빛에 노출되는 것보다 훨씬 낫다는 것입니다.

"산들과 바위에게 말하되 우리 위에 떨어져 보좌에 앉으신 이의 얼굴에서와 그 어린 양의 진노에서 우리를 가리라"(계 6:16)

하나님을 떠나 인간의 욕심의 길을 걸어가는 사람들에게는 하나님께서 따로 정죄하지 않으십니다. 그들이 그 길을 가도록 내버려두는 것이 하나님의 징계입니다. 지옥은 어둠에 속한 사람들이 저절로 가는 곳입니다.

"그 정죄는 이것이니 곧 빛이 세상에 왔으되 사람들이 자기 행위가 악하므로 빛보다 어둠을 더 사랑한 것이니라"(요 3:19)

3. 지옥에는 누가 가는가?

- 지옥은 보통 사람들이 가는 곳입니다.
- 지옥에는 이단의 교주와 추종자들이 갑니다.
- 타종교와 우상을 숭배하는 사람들도 갑니다.
- 지옥에는 기독교를 박해한 사람들이 갑니다.
- 지옥에는 예수님을 부인하는 사람들이 갑니다.
- 죄 사함 받지 못한 사람들이 갑니다.
- 거짓 믿음을 가진 사람들도 갑니다.

사람들은 지옥에 관해서 별로 관심이 없습니다. 신앙인들도 크게 다르지 않습니다. 지옥이라는 개념이 지극히 비현실적인 데다가 날마다 어울려 지내는 옆집의 착한 아저씨나 남을 도와주는 아줌마들이 지옥에 갈 리가 없다고 생각하기 때문일 것입니다. 기독교 신앙인들은 이미 천국은 예약된 곳이니까 자신이 지옥에 떨어지리라고는 생각조차 하지 않기 때문이기도 할 것입니다.

하지만 그렇게 지옥이 자신과 무관하다고 생각하는 사람들이 사실은 지옥에 더 가까울 수 있다는 사실을 알고 경각심을 가져야 할 것입니다. 항상 지옥에 대한 공포심을 느끼며 살라는 말이 결코 아닙니다. 지옥이란 하나님을 안 믿는 사람들이 가는 곳이라는 기본 인식이 전제되어야 한다는 것입니다. 바쁜 것도 좋고 즐거움도 좋지만 최후에 지옥으로 가게 된다면 그것보다 어리석은 일은 없을 것입니다.

한 마디로 말하자면 '예수 천당 불신 지옥'은 가장 정확한 표현이라고 할 수 있습니다. 왜냐하면 어떤 행위보다는 하나님을 믿느냐 안 믿느냐에 따라 천국으로 가느냐 지옥으로 가느냐가 결정되기 때문입니다. 하지만 그렇게 한 마디로 명확하게 정의를 내리기에는 상당히 복잡한 문제가 들어 있습니다. 하나님을 믿는다는 것이 과연 어디까지인가 하는 점을 생각해야 하기 때문입니다.

일단 하나님과 대적하는 자들이나 진리를 교묘하게 바꾸려는 자들, 하나님 이외에 다른 것을 가르치는 자들은 지옥으로 가게 됩니다. 이들은 거의 전적으로 하나님께 대적하는 자들입니다. 이런 사람들은 구원받은 백성들로 하여금 하나님을 배반하게 만들려는 꾀를 쓰는 자들이기 때문입니다. 마귀와 귀신들의 하수인들입니다. 이들은 절대 회개할 수 없는 자들입니다.

이렇게 직접적으로 마귀의 사자가 되는 자들을 중심으로 그 마귀의 세력에 동조하거나 옳다고 여겨 따르는 사람들도 전부 지옥에 가게 되어 있습니다. 그리고 그런 편과는 전혀 관계없는 것처럼 보이는 일반 생활인들도 지옥에 가게 됩니다. 왜냐하면 진리이신 하나님을 외면하거나 비판하거나 믿으려고 하지 않는 사람들이기 때문입니다. 수많은 증인들과 증거들이 제공되고 있음에도 불구하고 하나님을 외면하는 사람들은 모두 지옥에 갈 수밖에 없습니다. 자연스럽게 저절로 가게 됩니다.

▸ **지옥은 보통 사람들이 가는 곳입니다.**

우리는 보통 아주 악한 사람을 보고 지옥에 갈 사람이라고 말할 때가 있습니다. 물론 악한 사람이 지옥에 가는 것은 분명하지만, 사실 지옥에 가는 대다수의 사람들은 우리가 매일같이 만나는 보통 사람들입니다. 왜냐하면 다 같은 죄인들이기 때문입니다.

"육체의 일은 현저하니 곧 음행과 더러운 것과 호색과 우상 숭배와 술수와 원수를 맺는 것과 분쟁과 시기와 분냄과 당 짓는 것과 분리함과 이단과 투기와 술취함과 방탕함과 또 그와 같은 것들이라 전에 너희에게 경계한 것같이 경계하노니 이런 일을 하는 자들은 하나님의 나라를 유업으로 받지 못할 것이요"(갈 5:19-21)

여기에서 보통 사람들이란 직접 죄를 저지르지 않았더라도 마음속에 그런 죄들(누구라도 조건이 주어지면 저지를지도 모르는 죄들)을 품고 있으면서, 그 죄를 용서받지 못한 사람들을 뜻합니다. 즉 본질적으로 죄의 상태에 있는 사람들입니다. 죄의 기준은 하나님이심을 알아야 합니다. 이들은 지옥에 가기 전날까지 보통 생활을 영위하고 있습니다.

"홍수 전에 노아가 방주에 들어가던 날까지 사람들이 먹고 마시고 장가들고 시집가고 있으면서 홍수가 나서 그들을 다 멸하기까지 깨닫지 못하였으니 인자의 임함도 이와

같으리라"(마 24:38-39)

　지옥에 가야 하는 보통 사람들은 당장 예수님의 재림이 닥친다고 해도 그때까지 밭을 갈거나 맷돌질을 하고 있는 사람들입니다. 물론 데려감을 당하는 사람도 함께 일하고 있지만 그는 이미 천국백성이 된 사람입니다.
　"그 때에 두 사람이 밭에 있으매 한 사람은 데려가고 한 사람은 버려둠을 당할 것이요 두 여자가 맷돌질을 하고 있으매 한 사람은 데려가고 한 사람은 버려둠을 당할 것이니라"(마 24:40-41)

　지옥은 왜 가는 것입니까? 죄 때문에 가는 것입니다. 내가 무슨 죄가 있냐고 하겠지만, 모든 사람 안에는 하나님을 배반한 근원적인 죄가 있으며 이 죄로 인하여 파생되는 온갖 욕심과 분쟁과 투기와 방탕과 같은 종류의 죄악이 깊숙한 곳에 숨어 있는 것입니다. 그러므로 "내가 왜 지옥에 가느냐?"라고 생각하는 대신 "나는 예수님 아니면 100% 지옥에 가야 할 사람이다."라는 고백이 앞서야 하겠습니다.

▶ **지옥에는 이단 교주와 추종자들이 갑니다.**

하나님을 모르는 사람들이 전부 하나님을 대적하는 사람들이지만 그들 중에서도 특히 마귀의 앞잡이 노릇을 하는 무리들이 가장 먼저 지옥으로 가게 됩니다. 이런 마귀의 직접적인 부하들은 절대로 회개하지 않을 사람들입니다. 이들은 거짓 선지자, 거짓 그리스도, 이단, 사이비라고 불리는 사람들입니다.

"그러나 백성 가운데 또한 거짓 선지자들이 일어났었나니 이와 같이 너희 중에도 거짓 선생들이 있으리라 그들은 멸망하게 할 이단을 가만히 끌어들여 자기들을 사신 주를 부인하고 임박한 멸망을 스스로 취하는 자들이라"(벧후 2:1)

이단들의 목적은 하나님의 자녀들이 믿음을 버리고 마귀의 종이 되게 하여 지옥에 함께 떨어지도록 만드는 것입니다. 그러므로 거짓 선지자들과 이단들은 마귀와 귀신들과 함께 지옥 불에 떨어집니다.

"거짓 그리스도들과 거짓 선지자들이 일어나서 이적과 기사를 행하여 할 수만 있으면 택하신 자들을 미혹하려 하리라"(막 13:22)

"짐승이 잡히고 그 앞에서 표적을 행하던 거짓 선지자도 함께 잡혔으니 이는 짐승의 표를 받고 그의 우상에게 경배하던 자들을 표적으로 미혹하던 자라 이 둘이 산 채로 유

황불 붙는 못에 던져지고"(계 19:20)

이단들과 거짓 선지자들의 죄는 자기를 하나님이라고 속인 죄입니다. 자신을 재림예수라, 성령이라 속여서 하나님으로부터 멀어지게 만드는 가장 악한 자들입니다. 한국에는 수십 명의 자칭 재림예수가 있다고 합니다. 이들은 하나님의 자녀들을 미혹하기 때문에 다른 종교보다 훨씬 위험하고 악한 자들입니다.

"그런 사람들은 거짓 사도요 속이는 일꾼이니 자기를 그리스도의 사도로 가장하는 자들이니라"(고후 11:13)

이단들을 쫓아가는 사람들은 그 길이야말로 지옥으로 가는 급행열차라는 사실을 알고 있어야 합니다. 지옥문이 열릴 때 마귀와 귀신들과 함께 들어갑니다.

"또 그들을 미혹하는 마귀가 불과 유황 못에 던져지니 거기는 그 짐승과 거짓 선지자도 있어 세세토록 밤낮 괴로움을 받으리라"(계 20:10)

▸ **우상을 숭배하는 사람들도 갑니다.**

이 세상에서 영혼이 죄에서 구원받는 길은 예수 그리스도 밖에는 없습니다. 어차피 모든 교주들이 피조물에 불과

한 그 어떤 종교도 구원의 길이 될 수는 없습니다. 그 말은 예수님 신앙인 외에는 다 지옥에 간다는 뜻입니다.

"다른 이로써는 구원을 받을 수 없나니 천하 사람 중에 구원을 받을 만한 다른 이름을 우리에게 주신 일이 없음이라 하였더라"(행 4:12)

"그러나 애굽 땅에 있을 때부터 나는 네 하나님 여호와라 나 밖에 네가 다른 신을 알지 말 것이라 나 외에는 구원자가 없느니라"(호 13:4)

종교에는 철학종교, 자연종교, 신비종교, 윤리종교 등 많은 분류기준이 있지만 기독교의 입장에서는 오직 여호와종교와 우상종교만이 있을 뿐입니다. 그러므로 다른 종교는 결국 우상종교일 따름이고, 그러므로 그들은 지옥으로 떨어질 수밖에 없습니다. 배타적이라거나 오만하다고 비판할 수는 있지만 그것이 엄연한 영적인 현실입니다. 그렇다고 인간교류를 다 끊는 것은 아닙니다.

"서기관이 이르되 선생님이여 옳소이다 하나님은 한 분이시요 그 외에 다른 이가 없다 하신 말씀이 참이니이다"(막 12:32)

알다시피 우상숭배는 하나님께서 가장 싫어하시는 범죄입니다. 오죽하면 십계명의 제1계명에서 하나님 외에 다른 신을 섬기지 말라고 하시겠습니까? 그리고 더불어 하나님 외에 다른 신을 위한 어떤 우상도 만들지 말고 경배하지도 말라고 하십니다.

"너는 나 외에는 다른 신들을 네게 두지 말라"(출 20:3)

"너희는 자기를 위하여 우상을 만들지 말지니 조각한 것이나 주상을 세우지 말며 너희 땅에 조각한 석상을 세우고 그에게 경배하지 말라 나는 너희의 하나님 여호와임이니라"(레 26:1)

불상이나 산신령이나 부적 같은 것들만이 아니라 하나님보다 우선하는 것은 전부 우상이며 그런 우상숭배자들은 반드시 지옥으로 떨어집니다.

"너희도 정녕 이것을 알거니와 음행하는 자나 더러운 자나 탐하는 자 곧 우상 숭배자는 다 그리스도와 하나님의 나라에서 기업을 얻지 못하리니"(엡 5:5)

▸ **지옥에는 기독교를 박해한 사람들이 갑니다.**

기독교란 예수 그리스도의 복음을 간직하고 전파해나가는 종교형식을 말하는 것이기 때문에 기독교를 박해한다는 것은 예수님과 여호와 하나님을 박해하는 것을 뜻합니다. 그것은 하나님의 구원의 진리와 그 복음의 전파를 훼방한다는 뜻이기 때문에 예수님과 하나님을 박해하는 결과를 가져오게 된다는 것입니다. 하지만 박해라는 것은 믿음생활을 잘 하려고 하면 반드시 따라오게 되어 있습니다. 만약에 박해를 경험하지 못한 사람이라면 어쩌면 경건하지 못한 사람, 신앙생활을 잘 못하는 사람이라는 뜻이 될 수도 있습니다.

"무릇 그리스도 예수 안에서 경건하게 살고자 하는 자는 박해를 받으리라"(딤후 3:12)

예수님은 오히려 박해를 받는 것이 진정한 복이며 아울러 큰 상을 받을 것이라고 말씀해주십니다.

"나로 말미암아 너희를 욕하고 박해하고 거짓으로 너희를 거슬러 모든 악한 말을 할 때에는 너희에게 복이 있나니 기뻐하고 즐거워하라 하늘에서 너희의 '상이 큼'이라 너희 전에 있던 선지자들도 이같이 박해하였느니라"(마 5:11)

기독교 신앙인들이 박해를 받는 이유는 예수님을 박해하던 사람들이 예수님의 말씀을 듣는 사람들을 똑같이 박해하기 때문입니다.

"내가 너희에게 종이 주인보다 더 크지 못하다 한 말을 기억하라 사람들이 나를 박해하였은즉 너희도 박해할 것

이요 내 말을 지켰은즉 너희 말도 지킬 것이라"(요 15:20)

하지만 하나님을 박해하는 자에게는 성경에 기록된 모든 저주를 내리신다고 하셨습니다.
"네 하나님 여호와께서 네 적군과 너를 미워하고 핍박하던 자에게 이 모든 저주를 내리게 하시리니"(신 30:7)

그 저주는 물론 땅의 저주입니다만, 동일한 원리가 사후 세계에도 그대로 적용됨을 명심해야 합니다. 신약적으로 말하면 곧바로 지옥행이라는 뜻입니다.
"너희 뒤에 일어나는 너희의 자손과 멀리서 오는 객이 그 땅의 재앙과 여호와께서 그 땅에 유행시키시는 질병을 보며 그 온 땅이 유황이 되며 소금이 되며 또 불에 타서 심지도 못하며 결실함도 없으며 거기에는 아무 풀도 나지 아니함이 … "(신 29:22-23上)

▸ **예수님을 부인하는 사람들이 갑니다.**

예수님을 부인한다는 말은 곧 예수님께서 하나님이라는 사실과 그리스도 곧 구원자라는 사실과 예수 이름의 권세를 믿지 않는다는 말입니다. 하지만 예수님을 믿는 것은 우선적으로 하나님의 자녀가 된다는 것입니다. 하나님의 자녀들은 천국의 상속자가 되는 것입니다.

"영접하는 자 곧 그 이름을 믿는 자들에게는 하나님의 자녀가 되는 권세를 주셨으니"(요 1:12)

예수님을 믿는 것은 예수님께서 십자가에 죽으심으로써 우리 죄를 용서하셨다는 것을 믿는 것입니다. 죄가 있으면 지옥에 가지만 예수님을 믿음으로써 죄 사함을 받으면 천국으로 갈 수 있는 것입니다.

"자녀들아 내가 너희에게 쓰는 것은 너희 죄가 그의 이름으로 말미암아 사함을 받았음이요"(요일 2:12)

예수님을 믿는 것은 예수 이름으로 기도할 때 하나님께서 다 듣고 응답하신다는 것을 믿는 것입니다. 그리고 예수님을 믿는 것은 예수 이름으로 질병과 약한 것들을 고치신다는 사실을 믿는 것입니다.

"내 이름으로 무엇이든지 내게 구하면 내가 행하리라"(요 14:14)

"베드로가 이르되 은과 금은 내게 없거니와 내게 있는 이것을 네게 주노니 나사렛 예수 그리스도의 이름으로 일어나 걸으라 하고 오른손을 잡아 일으키니 발과 발목이 곧 힘을 얻고"(행 3:6-7)

예수님을 믿는 것은 귀신들도 예수의 이름이면 떨며 도망친다는 사실을 믿는 것입니다. 하나님의 자녀가 예수의 이름으로 마귀와 귀신들을 쫓아낼 수 있게 되는 것입니다.

"칠십 인이 기뻐하며 돌아와 이르되 주여 주의 이름이면 귀신들도 우리에게 항복하더이다"(눅 10:17)

예수님을 믿는 것은 죄에 승리하시고 부활하심으로써 모든 만물이 예수님의 권세에 무릎을 꿇는다는 사실을 믿는 것입니다. 예수님의 권세는 십자가에서 죽으시고 나서 그 죽음을 이기고 부활하심으로써 온 우주에 선포된 것입니다.

"이러므로 하나님이 그를 지극히 높여 모든 이름 위에 뛰어난 이름을 주사 하늘에 있는 자들과 땅에 있는 자들과 땅 아래에 있는 자들로 모든 무릎을 예수의 이름에 꿇게 하시고"(빌 2:9)

그러므로 예수님을 부인하는 사람들은 지옥의 심판을 면할 수 없습니다.

"그를 믿는 자는 심판을 받지 아니하는 것이요 믿지 아니하는 자는 하나님의 독생자의 이름을 믿지 아니하므로 벌써 심판을 받은 것이니라"(요 3:18)

› **죄 사함 받지 못한 사람들이 갑니다.**

결국 다 같은 의미이지만 죄용서의 중요성을 강조하기 위해 설명하고자 합니다. 인간이 심판받아야 하는 이유는 죄 문제 때문입니다. 이는 사탄의 유혹에 빠짐으로써 마치 유전병처럼 아담 이후에 모든 인류에게 전해 내려오는 죄로 인한 결과입니다. 그러므로 죄 문제를 해결하지 못하면 아무리 착한 사람이라도 지옥으로 갈 수밖에 없게 되는 것입니다.

"그러므로 한 사람으로 말미암아 죄가 세상에 들어오고 죄로 말미암아 사망이 들어왔나니 이와 같이 모든 사람이 죄를 지었으므로 사망이 모든 사람에게 이르렀느니라"(롬 5:12)

하지만 사람을 창조하신 하나님께서 죄 문제를 해결(용서)받을 길을 열어주셨습니다. 모든 인간은 죄로 인해 죽어야 하지만 예수님께서 대신 피를 흘리시고 죽으심을 믿으면 죄를 용서 받게 해주셨습니다.

"우리는 그리스도 안에서 그의 은혜의 풍성함을 따라 그의 피로 말미암아 속량 곧 죄 사함을 받았느니라"(엡 1:7)

죄를 용서받는다는 의미는 원래 죄가 있었지만 가려져

서 완전히 사라져버린 것과 같게 된다는 뜻입니다.

"불법이 사함을 받고 죄가 가리어짐을 받는 사람들은 복이 있고 주께서 그 죄를 인정하지 아니하실 사람은 복이 있도다 함과 같으니라"(롬 4:7-8)

죄를 지었기 때문에 지옥에 가는 것이 아니라 이미 원천적인 죄(원죄)로 인해서 가만히 있어도 저절로 지옥에 가게 되는 것입니다. 하지만 하나님의 은혜로 예수님을 믿으면 죄 용서를 받게 되어 천국, 즉 영생에 이르게 되는 것입니다.

"죄의 삯은 사망이요 하나님의 은사는 그리스도 예수 우리 주 안에 있는 영생이니라"(롬 6:23)

예수님을 믿고 회개함으로써 죄 사함을 받으면 사람을 지배하던 마귀의 영이 즉시 떠나고 성령님을 선물로 받게 되어 하나님의 자녀가 되는 것입니다. 죄 용서 받지 못하면 죽는 즉시 지옥으로 떨어집니다.

"베드로가 이르되 너희가 회개하여 각각 예수 그리스도의 이름으로 세례를 받고 죄 사함을 받으라 그리하면 성령의 선물을 받으리니"(행 2:38)

▸ **거짓 믿음을 가진 사람들도 갑니다.**

교회에 다니면서 믿음을 가지고 있는 것 같지만 사실은 거짓 믿음, 가짜 믿음을 가지고 있는 사람이 있습니다. 가짜 믿음의 대표적인 모습은 하나님과의 인격적인 교제를 생각하지 않고 정해진 신앙행위만 열심히 하는 데에 초점을 맞추는 율법주의입니다. 율법학자였던 바리새인들과 서기관들이 오히려 예수님을 믿지 않고 십자가에 매달았습니다.

"화 있을진저 너희 율법교사여 너희가 지식의 열쇠를 가져가서 너희도 들어가지 않고 또 들어가고자 하는 자도 막았느니라 하시니라"(눅 11:52)

거짓 믿음은 행함이 결여되어 있는 지적인 믿음입니다. 행함이 없으면 살아있는 말씀을 소유할 수가 없습니다. 억지로 행하라는 이야기가 아니고 참된 믿음을 가지면 자연스럽게 행함이 드러나게 되어있습니다.

"영혼 없는 몸이 죽은 것 같이 행함이 없는 믿음은 죽은 것이니라"(약 2:26)

거짓 믿음은 자기 자신만 옳다는 정의로운 믿음입니다. 하지만 창조주 하나님을 좁은 생각에 가둘 수는 없습니다.

"예수께서 이르시되 너희는 사람 앞에서 스스로 옳다 하는 자들이나 너희 마음을 하나님께서 아시나니 사람 중에 높임을 받는 그것은 하나님 앞에 미움을 받는 것이니라"(눅 16:15)

그리고 성경과 다른 복음을 믿는 것은 가짜 믿음입니다. 사도 바울은 갈라디아서에서 이 점에 대해 거듭거듭 강조하여 설명한 바가 있습니다.

"다른 복음은 없나니 다만 어떤 사람들이 너희를 교란하여 그리스도의 복음을 변하게 하려 함이라 그러나 우리나 혹은 하늘로부터 온 천사라도 우리가 너희에게 전한 복음 외에 다른 복음을 전하면 저주를 받을지어다 우리가 전에 말하였거니와 내가 지금 다시 말하노니 만일 누구든지 너희가 받은 것 외에 다른 복음을 전하면 저주를 받을지어다"(갈 1:7-9)

이러한 가짜 믿음, 거짓 믿음을 가진 사람은 겉으로는 교회에 열심히 다니는 기독교인일지 모르지만 하나님께서 보시기에는 그분의 자녀가 아니요 지옥 불에 던져 넣어야 할 자들입니다. 이들은 유사기독교인으로, 예수님은 이런 사람들을 가라지라고 말씀하십니다. 그리고 이런 가라지들은 그냥 내버려두었다가 마지막 심판 날에 한꺼번에 불에 태워버린다고 하셨습니다.

"그런즉 가라지를 거두어 불에 사르는 것 같이 세상 끝에도 그러하리라"(마 13:40)

4. 지옥에는 어떻게 가는가?

- 지옥은 심판을 받아서 가는 곳입니다.
- 지옥은 하나님의 권세로 가는 곳입니다.
- 지옥은 예수님의 열쇠로 열리는 곳입니다.
- 지옥은 넓은 문, 넓은 길로 갑니다.
- 지옥에는 행위록의 기록대로 갑니다.

지옥에 가는데 경부고속도로, 호남고속도로처럼 길이 따로 있을 리는 없습니다. 죽음 이후에 가는 곳이 지옥이기 때문입니다. 소위 임사체험자들을 통해 죽음 이후에 일어나는 일을 듣기도 하고 또 직접 지옥과 천국에 다녀왔다는 사람들이 있지만, 어디까지나 개인적 체험이기 때문에 성경처럼 공식적으로 인정할 수는 없습니다.

또한 보통 불교의 영향을 받아서 흔히 이야기되는 것처럼 죽어서 어떤 절대자의 심판대 앞에 서서 어떤 형벌에 처해지게 될지 판결을 받는 것은 더더욱 아닙니다. 물론 요한계시록에 비슷한 내용이 있는 것은 사실이지만(계 20:12), 모든 죽은 자에게 적용하기에는 무리가 있습니다. 아무튼 더 악한 죄일수록 더 고통스러운 곳으로 가게 된다는 그 이야기는 사실상 사람의 상상 속에서만 이루어질 수 있는 이야기임에 틀림이 없습니다. 왜냐하면 모든 죄는 하나님께 대한 반역에서 비롯된 것으로 하나님께는 같은 무게이기 때문입니다.

그럼에도 불구하고 하나님의 심판이 없는 것은 아닙니다. 다만 그 심판은 그 사람에게 심판받아야 할 죄가 있느냐를 따져서 죄가 있으면 지옥에 가고 아니면 천국에 가게 될 뿐인 것입니다. 여기에서 지옥에 가야 할 죄가 과연 무엇인가에 관해서는 앞의 내용들 중에서 충분히 설명되어 있습니다.

어쩌면 지옥에는 어떻게 가는가라는 질문 자체가 말이 안 될 수도 있습니다. 그러나 법원 같은 형태는 아닐지라도 분명히 심판의 과정이 있고 각종 죄목이 기록된 책(행위록)이 있고, 눈에 보이는 형식은 아닐지라도 죄인을 지옥으로 보내기 위해 기소하는 마귀의 세력과 죄 용서를 받을 수 있도록 변호하는 예수님이 계시고, 최종판결을 내리시는 여호와 하나님이 계십니다.

물론 이런 형식적인 이야기는 사람의 생각처럼 그렇게 이루어지는 것은 아닙니다만, 하나님의 판결에는 전혀 오류가 없고 정확무오하며 신실하기 때문에 억울한 사람이 없고 지나치게 미화되는 사람도 없고 그 사람의 내면세계까지 아주 정확하게 판결하신다는 점을 이야기하고 싶은 것입니다. 사람들에게는 그럴 듯하게 보이거나 선한 사람으로 속일 수 있겠지만 하나님께는 작은 것 한 가지라도 결코 속일 수가 없는 것입니다.

▸ **지옥은 심판을 받아서 가는 곳입니다.**

지옥은 심판을 받아서 가는 곳입니다. 사람에게 있어서 누구에게나 반드시 일어나는 일이 세 가지가 있습니다. 탄생과 죽음과 심판입니다. 이것만 믿어도 지옥에는 떨어지지 않을 수 있습니다.

"한번 죽는 것은 사람에게 정해진 것이요 그 후에는 심판이 있으리니"(히 9:27)

심판은 지옥이냐 천국이냐, 또는 영벌이냐 영생이냐 둘 중의 한 가지 판결로 선포됩니다. 물론 믿음으로 구원받은 사람의 영혼에 대해서는 심판이 아니라 천국에서 주님의 영접이 준비되어 있을 것입니다.

"이는 우리가 다 반드시 그리스도의 심판대 앞에 나타나게 되어 각각 선악간에 그 몸으로 행한 것을 따라 받으려 함이라"(고후 5:10)

예수님은 지옥 심판을 두려워해야 할 것을 크게 강조하셨습니다. 반드시 자기가 행한 행위대로 판결을 받아서 지옥으로 떨어지는 것입니다. 결단코 심판은 피할 수 없습니다. 그 누구도 예외가 있을 수 없습니다.

"뱀들아 독사의 새끼들아 너희가 어떻게 지옥의 판결을 피하겠느냐"(마 23:33)

"바다가 그 가운데에서 죽은 자들을 내주고 또 사망과

음부도 그 가운데에서 죽은 자들을 내주매 각 사람이 자기의 행위대로 심판을 받고"(계 20:13)

분명한 것은 하나님의 심판은 너무나도 정확하다는 점입니다. 그 심판은 참되고 의로운 판결입니다. 그렇지 않고 인간의 재판처럼 불의가 조금이라도 섞이면 그것은 하나님의 심판이 아닙니다.

"그의 심판은 참되고 의로운지라 음행으로 땅을 더럽게 한 큰 음녀를 심판하사 자기 종들의 피를 그 음녀의 손에 갚으셨도다 하고"(계 19:2)

하나님은 공의와 정직으로 만민들을 심판하십니다. 그래서 아무도 이의를 제기할 수 없는 것입니다. 하나님의 심판은 최후의 판결입니다.

"공의로 세계를 심판하심이여 정직으로 만민에게 판결을 내리시리로다"(시 9:8)

"또 내가 하늘이 열린 것을 보니 보라 백마와 그것을 탄자가 있으니 그 이름은 충신과 진실이라 그가 공의로 심판하며 싸우더라"(계 19:11)

▸ **지옥은 하나님의 권세로 가는 곳입니다.**

지옥은 하나님께서 직접 보내시는 곳은 아닙니다. 그러나 최후의 심판은 온전히 하나님의 몫입니다. 사탄과 귀신들과 권력자들과 돈과 명예에 굴복하지 말아야 할 이유가 바로 여기에 있습니다. 그런 것들은 성도를 직접 건드릴 수 없습니다. 협박과 유혹만이 저들이 할 수 있는 방법입니다. 그것이 오직 모든 최종 권세를 가지신 하나님만을 두려워해야 하는 이유입니다.

"몸은 죽여도 영혼은 능히 죽이지 못하는 자들을 두려워하지 말고 오직 몸과 영혼을 능히 지옥에 멸하실 수 있는 이를 두려워하라"(마 10:28)

물론 하나님께서는 마지막 심판의 권세를 우리 주 예수 그리스도께로 돌리셨습니다. 그 목적은 예수님께 하나님의 권세를 부여하심으로써 사람들이 예수님을 하나님으로 믿게 하시는 것입니다. 물론 예수님은 제2위의 하나님이십니다.

"아버지께서 아무도 심판하지 아니하시고 심판을 다 아들에게 맡기셨으니 이는 모든 사람으로 아버지를 공경하는 것 같이 아들을 공경하게 하려 하심이라 아들을 공경하지 아니하는 자는 그를 보내신 아버지도 공경하지 아니하느니라"(요 5:22-23)

그런데 기독교 신앙인들이 하나님을 두려워하는 마음이 별로 없습니다. 그렇다 보니까 외부의 압력이나 어려운 환경이 닥치면 오히려 환경이나 권세 있는 자들의 말에 굴복하는 경우가 많습니다. 물론 믿음이 약하여 굴복하는 경우가 있겠지만 아무튼 그것은 하나님보다 세상을 더 두려워하기 때문에 생긴 결과인 것입니다.

"마땅히 두려워할 자를 내가 너희에게 보이리니 곧 죽인 후에 또한 지옥에 던져 넣는 권세 있는 그를 두려워하라 내가 참으로 너희에게 이르노니 그를 두려워하라"(눅 12:5)

그분은 심지어 참새 한 마리의 생명조차 주관하시는 하나님이십니다. 사람의 머리털까지도 다 세신 하나님이십니다. 사람은 두려워해야 할 분께 절대적인 신뢰를 드려야 합니다.

"참새 두 마리가 한 앗사리온에 팔리지 않느냐 그러나 너희 아버지께서 허락하지 아니하시면 그 하나도 땅에 떨어지지 아니하리라 너희에게는 머리털까지 다 세신 바 되었나니 두려워하지 말라 너희는 많은 참새보다 귀하니라"(마 10:29-31)

▸ **지옥은 예수님의 열쇠로 열리는 곳입니다.**

하나님의 권세로 심판하시는 심판주는 바로 예수 그리스도이십니다. 예수님은 스스로 인간이 되심으로써 인간의 모든 연약함과 죄의 속성을 너무나도 잘 아십니다.

"그는 근본 하나님의 본체시나 하나님과 동등됨을 취할 것으로 여기지 아니하시고 오히려 자기를 비워 종의 형체를 가지사 사람들과 같이 되셨고 사람의 모양으로 나타나사 자기를 낮추시고 죽기까지 복종하셨으니 곧 십자가에 죽으심이라"(빌 2:6-8)

그래서 하나님은 모든 권세를 예수님께 부여하신 것입니다. 이스라엘 땅에 처음에 오신 초림 예수님은 사랑의 주인이시지만 재림 예수님은 심판의 주인이심을 알아야 합니다.

"아버지께서 아무도 심판하지 아니하시고 심판을 다 아들에게 맡기셨으니"(요 5:22)

이 예수님께서는 완전한 열쇠를 가지고 계십니다. 예수님의 심판을 따라 닫으면 어느 누구도 열 수 없고 열면 어느 누구도 닫을 수 없는 열쇠를 가지고 계시는 것입니다.

"빌라델비아 교회의 사자에게 편지하라 거룩하고 진실하사 다윗의 열쇠를 가지신 이 곧 열면 닫을 사람이 없고 닫으면 열 사람이 없는 그가 이르시되"(계 3:7)

"내가 또 다윗의 집의 열쇠를 그의 어깨에 두리니 그가 열면 닫을 자가 없겠고 닫으면 열 자가 없으리라"(사 22:22)

그러므로 예수님은 천국의 열쇠도 가지고 계십니다. 베드로에게는 천국열쇠를 주셨습니다.
"내가 천국 열쇠를 네게 주리니 네가 땅에서 무엇이든지 매면 하늘에서도 매일 것이요 네가 땅에서 무엇이든지 풀면 하늘에서도 풀리리라 하시고"(마 16:19)

동시에 예수님은 사망과 음부의 열쇠 곧 지옥의 열쇠를 가지고 계신 분이십니다. 예수님은 천국과 지옥의 열쇠를 가지고 계시는 최종 결정권자이십니다.
"곧 살아 있는 자라 내가 전에 죽었었노라 볼지어다 이제 세세토록 살아 있어 사망과 음부의 열쇠를 가졌노니"(계 1:18)

▸ **지옥은 넓은 문, 넓은 길로 갑니다.**

지옥문으로 가는 길은 넓을까요, 좁을까요? 당연히 지옥 가는 길은 넓은 길입니다. 문도 아주 넓을 것입니다. 왜냐하면 그리로 가는 사람들이 많기 때문입니다. 하지만 대개의 경우 그런 문은 멸망으로 인도하는 문이기 쉽습니다. 지옥으로 떨어지더라도 다 같이 가면 괜찮겠다고 생각하는 사람이 있을까요? 하지만 지옥이든 천국이든 반드시 개인적으로 심판을 받아서 가게 된다는 사실을 기억해야 할 것입니다. 넓은 길은 쉽고 편하고 즐겁고 안심이 되기 때문에 그리로 가기 쉽지만 결국 다 같이 멸망으로 떨어지는 길인 것입니다.

"좁은 문으로 들어가라 멸망으로 인도하는 문은 크고 그 길이 넓어 그리로 들어가는 자가 많고 생명으로 인도하는 문은 좁고 길이 협착하여 찾는 자가 적음이라"(마 7:13-14)

성경은 넓은 길을 가인의 길, 발람의 길, 고라의 길 등으로 설명하고 있습니다. 가인의 길은 하나님을 의지하지 않고 심판을 부인하는 자의 길이고, 발람의 길은 자기가 받을 이익을 위하여 거짓예언을 하고 우상숭배에 빠지게 한 길이며, 고라의 길은 패역한 길인데 하나님의 권세에 도전하여 반역한 길을 말하며 이 세 가지가 모두 멸망 받을 길이라는 것입니다.

"화 있을진저 이 사람들이여, 가인의 길에 행하였으며 삯을 위하여 발람의 어그러진 길로 몰려갔으며 고라의 패역을 따라 멸망을 받았도다"(유 1:11)

지옥문으로 가는 길이 넓은 이유 중의 하나는 그 길에는 눈으로 볼 수 있고 손으로 만질 수 있는 결과들이 기다리고 있기 때문입니다. 마치 진짜 같은 가짜 축복으로 유혹하기 때문입니다. 말도 그럴 듯해 보이기 때문에 그 말에 현혹되는 것입니다. 그래서 자기도 알지 못하는 사이에 넓은 길을 따라가다가 지옥문으로 같이 들어가게 되는 것입니다.

다수가 행하는 길이라고 해서 그 다수를 따라가면 조금은 더 편하고 더 즐겁고 더 쉽고 더 올바른 것 같지만 끝에는 지옥문으로 통하는 길이 거의 확실합니다. 차라리 덜 편하고 덜 즐겁고 덜 쉽고 덜 올바른 것처럼 보여도 좁은 길을 가는 것이 지옥문을 피하고 천국으로 가는 지름길입니다. 좀 더 어렵지만 넓은 지옥문이 아닌 좁은 천국 문으로 인내를 가지고 나아가야 합니다.
"좁은 문으로 들어가기를 힘쓰라 내가 너희에게 이르노니 들어가기를 구하여도 못하는 자가 많으리라"(눅 13:24)

▸ 지옥에는 행위록의 기록대로 갑니다.

심판은 어떤 기준으로 행해지게 될까요? 성경은 분명히 사람의 평생의 행위가 기록된 책에 의해서 심판을 받게 된다고 가르치고 있습니다. 그런데 그 책에는 생명책과 행위록이라고 불리는 책 두 가지가 있습니다.

"또 내가 보니 죽은 자들이 큰 자나 작은 자나 그 보좌 앞에 서 있는데 책들이 펴 있고 또 다른 책이 펴졌으니 곧 생명책이라 죽은 자들이 자기 행위를 따라 책들에 기록된 대로 심판을 받으니"(계 20:12)

행위록은 일생을 살면서 행해졌던 모든 삶의 내용이 기록된 책입니다. 검찰에서 큰 사건을 맡으면 수천 페이지에 달하는 방대한 사건기록을 가지고 피의자를 고발하게 되고, 그 사건기록을 살펴보기 위해서는 수십 명, 수백 명으로 구성된 검찰이 동원됩니다. 한 가지 사건만 해도 그런데 사람의 일생을 전부 기록하는 일이 가능할까 생각되겠지만, 하나님의 세계에서는 얼마든지 가능합니다. 물론 우리가 생각하듯이 종이책은 아닐 것입니다. 슈퍼컴퓨터 수만 대보다 더 정확하고 빠른 것이 하나님의 심판인 것입니다.

"나는 너희에게 이르노니 형제에게 노하는 자마다 심판을 받게 되고 형제를 대하여 라가라 하는 자는 공회에 잡혀가게 되고 미련한 놈이라 하는 자는 지옥 불에 들어가게 되리라"(마 5:22)

생명책에는 예수님을 주인으로 영접하고 그 길을 따라

가는 백성들의 기록이 있습니다. 하지만 거기에는 구원받기 이전의 기록은 다 지워져 있을 것이 분명합니다. 회개하여 예수 그리스도의 피를 믿고 죄 사함 받고 거듭난 백성들의 죄는 이미 깨끗하게 지워버렸다고 말씀하시기 때문입니다.

"여호와께서 말씀하시되 오라 우리가 서로 변론하자 너희의 죄가 주홍 같을지라도 눈과 같이 희어질 것이요 진홍 같이 붉을지라도 양털 같이 희게 되리라"(사 1:18)

그러므로 생명책에 기록되지 못하고 행위록에 기록되어 있는 사람은 이미 심판을 받은 것이고 당연히 지옥으로 가게 될 것입니다. 그들은 틀림없이 사탄의 미혹에 빠져 종 노릇하던 사람들이기 때문입니다.

"죽임을 당한 어린 양의 생명책에 창세 이후로 이름이 기록되지 못하고 이 땅에 사는 자들은 다 그 짐승에게 경배하리라"(계 13:8)

"누구든지 생명책에 기록되지 못한 자는 불 못에 던져지더라"(계 20:15)

5. 기독교인들도 지옥에 가는가?

- 신앙이 어린 사람과 믿음이 없는 사람
- 예수님이 삶의 목적이 아닌 사람들입니다.
- 성공이나 번영만 쫓는 사람들입니다.
- 외식하는 사람들은 지옥에 갑니다.
- 돈을 위해 교회에 다니는 사람들입니다.
- 세상의 왕국을 만들려는 사람들입니다.
- 예수님의 부활을 부정하는 사람들입니다.
- 종교다원주의, 종교통합운동입니다.

이 장에서는 쉽게 하기 어려운 이야기를 하고자 합니다. 논란거리가 될 수도 있고요. 과연 교회에 다니면 지옥에 가지 않고 전부 천국으로 가느냐에 대한 이야기입니다. 물론 이 장에서 제시한 신앙인들의 겉모습만을 보고 구원을 의심하라는 것은 아닙니다. 스스로 자기 구원에 관하여 점검해보라는 이야기입니다.

아직 하나님을 믿지 않는 분들도 이 내용을 읽게 될 것입니다만, 그럼에도 불구하고 전도에 혹시 방해가 될지도 모르는 이 글을 쓰는 것은 바로 올바른 전도를 위한 일이라는 사실도 밝히고자 하는 것입니다. 왜냐하면 이런 정확하고 올바른 복음의 제시 없이 전도를 받고 신앙생활을 하다가 오히려 예수님을 인격적으로 만나지 못하는 경우도 있을 것이기 때문입니다. 곧 기독교가 무조건 위로와 평안을 주고 복을 주는 종교라는 오해를 가지지 못하게 하는 일이기도 합니다.

기독교신앙은 예수님과의 관계입니다. 세상에서의 복을 받고 못 받고는 그 다음 이야기입니다. 기독교 신앙을 가지고 있어도 세상에서 원하는 복을 받을 수도 있고 못 받을 수도 있습니다. 먼저 하나님을 아버지라고 고백하는 믿음이 생겼다면 세상에서 얼마나 복을 받느냐 하는 것은 중요한 것이 아닙니다. 아무튼 그래서 믿음이 있는 사람이든 없는 사람이든 지옥의 의미를 더욱 정확하게 전달받아야 합니다. 그러므로 하나님을 믿지 않는 분들이 이 장을 읽으실 때에 기독교 신앙에 관한 정확한 실상에 초점을 맞추려고 하면 좋을 것 같습니다.

▸ 신앙이 어린 사람과 믿음이 없는 사람

과연 "당신은 오늘 죽으면 천국에 갈 수 있습니까?"라는 도전적인 질문을 통하여 영적 이치에 대한 설명을 듣고 결론적으로 영접기도를 자원하여 따라했다고 즉각 구원이 이루어지는 것일까요? 그럴 수도 있고 그렇지 않을 수도 있습니다. 그럴 수 있는 사람들을 위하여 전도해야 하는 것은 맞지만, 입으로 기도를 따라서 했다고 해서 다 구원받은 사람인 것은 결코 아닙니다. 인격적으로 예수님을 만나기 전에는 결코 예수님을 만난 것이 아닙니다.

오해하지 마시기 바랍니다. 겉으로 드러나는 신앙행위가 중요하지 않다는 것이 아닙니다. 그 신앙행위 가운데 얼마만큼이나 예수님과의 인격적인 교제가 펼쳐질 수 있고 참 생명이 들어있느냐가 진짜 중요하다는 이야기입니다. 부분적일지라도 하나님과의 진정한 교제 없이 이루어지는 교회생활은 그냥 종교일 뿐이라는 말씀입니다. 종교 행위만으로는 구원이 없습니다.

본장에 제시된 예들은 본질이나 생명이 빠져있을지도 모르는 종교행위의 예들일 뿐입니다. 이와 비슷한 모습을 보이는 분들 중에 이미 구원받은 사람들도 있을 수 있습니다. 구원받지 못한 신앙의 모습과 성숙하지 못한 신앙의 모습은 얼핏 비슷해 보일 수도 있기 때문입니다. 다만 성숙하지 못한 신앙인은 시간이 지나면서 변화되지만, 구원받지 못한 사람은 시간이 많이 흘러도 여전히 그런 모습을 보일 것입니다.

과거에 집사 직분까지 받았다면서 남편과 함께 불교만물상을 하는 사람을 저희 동네에서 보았습니다만, 이렇게 겉으로 드러나지 않지만 예수님과 생명의 관계가 아니라 단지 복을 구하는 관계로 머물러 있다면 지옥에 가기 쉽다는 사실을 믿으시기 바랍니다. 본 장의 내용을 하나하나 점검해보시고 의심이 생기면 빨리 예수님과의 인격적인 관계를 위해 기도하시기 바랍니다. 이번 기회에 구원의 확신을 분명하게 정리하면 참 좋겠습니다.

▸ **예수님이 삶의 목적이 아닌 사람들입니다.**

신앙이 성숙하지 못한 성도들에게 삶의 목적을 오로지 예수님께 두라고 하면 참 쉽지 않은 말이 될 것입니다. 우선 그 말의 뜻을 깊이 있게 이해할 수 없습니다. 하지만 인간에게는 하나님께 영광을 돌리면서 살아가는 삶이 가장 완벽한 인생이 되는 것입니다.

"이 백성은 내가 나를 위하여 지었나니 나를 찬송하게 하려 함이니라"(사 43:21)

교회생활에 열심을 내고 있다고 해도 마음이 교만하여 스스로 잘 믿고 있다고 생각하면 지옥과 가까울 수 있습니다. 교만한 사람은 결코 하나님께 영광을 돌릴 수가 없습니다. 이스라엘은 스스로 아브라함의 자손이라 하여 이방인들을 깔보았지만 정작 지옥에 빠지는 사람들은 자신들이었습니다.

"또 너희에게 이르노니 동서로부터 많은 사람이 이르러 아브라함과 이삭과 야곱과 함께 천국에 앉으려니와 나라의 본 자손들은 바깥 어두운 데 쫓겨나 거기서(지옥) 울며 이를 갊이 있으리라"(마 8:11-12)

신앙인이 하는 모든 일들은 오직 주님 나라를 위해서 하는 것입니다. 성도들의 삶의 목적이 바로 예수님이 되어야 한다는 말입니다. 예수님을 위해 예수님에 의해서 예수님의 일을 하는 사람들이 기독교 신앙인들인 것입니다. 그것이 하나님의 뜻입니다. 그리고 그것이 참된 복을 받는 사람인 것입니다.

"너희는 이 세대를 본받지 말고 오직 마음을 새롭게 함으로 변화를 받아 하나님의 선하시고 기뻐하시고 온전하신 뜻이 무엇인지 분별하도록 하라"(롬 12:2)

왜냐하면 신앙인은 그리스도께서 피 흘려 죽으심으로써 하나님의 소유가 된 사람들이기 때문입니다. 그렇기 때문에 신앙생활에 충성하면서 만날 수 있는 모든 어려움을 극복하고 승리하면 하나님께 영광을 돌려드릴 수 있는 것입니다.

"값으로 산 것이 되었으니 그런즉 너희 몸으로 하나님께 영광을 돌리라"(고전 6:20)

"만일 그리스도인으로 고난을 받으면 부끄러워하지 말고 도리어 그 이름으로 하나님께 영광을 돌리라"(벧전 4:16)

예수님을 위해 사는 인생이 기독교인의 삶이라는 사실을 이해하지 못하거나 받아들이지 못하거나 무시하거나 그렇게 살려는 마음이 없는 사람들은 회개하고 예수님을 인격적으로 다시 만나야 합니다. 물론 처음부터 이런 원리를 깨닫고 신앙생활을 하면 지옥 걱정 같은 것은 하지 않아도 좋습니다.

▸ 성공이나 번영만 쫓는 사람들입니다.

기독교 복음은 궁극적으로 천국의 영생을 추구하는 진리입니다. 이 땅에서 살아가는 목적도 천국을 준비하는 과정으로 보는 것이 정상입니다. 따라서 세상의 성공이나 번영에 목적을 두고 살아간다면 죽음 이후에는 전혀 쓸모없는 인생이 될 것입니다. 세상에서의 성공이나 번영은 하나님께 영광을 돌려드리고 하늘의 보화를 쌓는 일에 사용하라고 주신 것입니다.

"오직 너희를 위하여 보물을 하늘에 쌓아 두라 거기는 좀이나 동록이 해하지 못하며 도둑이 구멍을 뚫지도 못하고 도둑질도 못하느니라"(마 6:20)

예수님께서도 어떤 부자의 비유를 통해 세상의 것이 덧없음을 자세하게 설명해 주셨습니다.

"또 내가 내 영혼에게 이르되 영혼아 여러 해 쓸 물건을 많이 쌓아 두었으니 평안히 쉬고 먹고 마시고 즐거워하자 하리라 하되 하나님은 이르시되 어리석은 자여 오늘 밤에 네 영혼을 도로 찾으리니 그러면 네 준비한 것이 누구의 것이 되겠느냐 하셨으니 자기를 위하여 재물을 쌓아 두고 하나님께 대하여 부요하지 못한 자가 이와 같으니라"(눅 12:19-21)

혹시 일 주일 내내 사업이나 성공을 위해 온갖 노력과 힘을 쏟으면서도 기도나 말씀은 아예 생각조차 하지 않는 삶을 살고 있지는 않습니까? 만약에 돈 버는 일에 정신을 쏟으면서 예수님과 교회에 관해서는 전혀 의식하지 않고 있다면 자신을 한번 의심해 보시기 바랍니다.

"어떤 사람은 그의 영혼이 바라는 모든 소원에 부족함이 없어 재물과 부요와 존귀를 하나님께 받았으나 하나님께서 그가 그것을 누리도록 허락하지 아니하셨으므로 다른 사람이 누리나니 이것도 헛되어 악한 병이로다"(전 6:2)

모세는 애굽의 모든 보화를 포기하고 오직 여호와 하나님을 위해 살았습니다. 재산도 중요하고 성공도 중요하지만, 그것을 주님을 위해 사용하지 못하고 있다면 어쩌면 예수님과 전혀 관계없는 사람일 수도 있습니다. 재산도 성공도 예수님이 목적이고 천국이 목적이어야 하는 것입니다.

"그리스도를 위하여 받는 수모를 애굽의 모든 보화보다 더 큰 재물로 여겼으니 이는 상 주심을 바라봄이라"(히

11:26)

▸ 외식하는 사람들은 지옥에 갑니다.

예수님께서 가장 강하게 비판하신 사람들은 누구였을까요? 로마 황제도 아니었고 헤롯 왕도 아니었고 빌라도 총독도 아니었습니다. 세리도 아니었고 사마리아인도 아니었고 창기들도 아니었고 범죄자들도 아니었습니다. 그들은 서기관들과 바리새인들이었습니다. 그들이 외식 곧 위선자들이었기 때문입니다.

"화 있을진저 외식하는 서기관들과 바리새인들이여 너희는 천국 문을 사람들 앞에서 닫고 너희도 들어가지 않고 들어가려 하는 자도 들어가지 못하게 하는도다"(마 23:13)

위선자들은 말로는 믿음이 좋은데 마음은 전혀 하나님께 두지 않습니다. 사실은 전부 사람들에게 보이려고 거짓으로 꾸며내는 것들입니다.

"이르시되 이사야가 너희 외식하는 자에 대하여 잘 예언하였도다 기록하였으되 이 백성이 입술로는 나를 공경하되 마음은 내게서 멀도다"(막 7:6)

그런데 위선자들은 자신이 위선자라는 사실을 깨닫지

못합니다. 자기 눈에 박힌 들보 때문에 오히려 다른 사람들이 전부 틀린 것으로 보이기 때문입니다.

"외식하는 자여 먼저 네 눈 속에서 들보를 빼어라 그 후에야 밝히 보고 형제의 눈 속에서 티를 빼리라"(마 7:5)

신앙의 본질을 모르고 겉으로 드러나는 종교적인 행위에만 초점을 맞추면 위선자가 되기 쉽습니다.

"화 있을진저 외식하는 서기관들과 바리새인들이여 너희가 박하와 회향과 근채의 십일조는 드리되 율법의 더 중한 바 정의와 긍휼과 믿음은 버렸도다 … "(마 23:23)

왜 유독 외식(위선)하는 사람들에 대해서 이렇게 크게 나무라시느냐 하면 이 외식은 종교적인 위선으로 하나님께 직접 짓는 죄이기 때문입니다. 혹시 교회에서는 직분도 높고 중요한 위치에 있는데 세상에서는 완전히 세속적으로 살고 있다면 스스로 한 번 의심해보시기 바랍니다. 사람을 사랑하시는 예수님 마음은 쏙 빼놓고 종교전통을 지키는 것으로 성도를 판단하고 비판하고 있다면 어쩌면 신앙생활의 핵심이 빠져있는 것일 수 있습니다.

▸ **돈을 위해 교회에 다니는 사람들입니다.**

누가는 바리새인들의 또 다른 특징으로 돈을 좋아하는 사람들이라고 정의했습니다. 생활의 필요 때문에 당연히 사례를 받아야 하지만, 필요 이상으로 돈을 쌓고 있다면 조심해야 합니다. 사례의 수준이 영성의 수준은 아닙니다.
"바리새인들은 돈을 좋아하는 자들이라 이 모든 것을 듣고 비웃거늘"(눅 16:14)

예수님은 교회에서 돈 거래나 장사하는 모습을 보시고 참지 않고 분노하시며 엎어버리셨습니다.
"노끈으로 채찍을 만드사 양이나 소를 다 성전에서 내쫓으시고 돈 바꾸는 사람들의 돈을 쏟으시며 상을 엎으시고 비둘기 파는 사람들에게 이르시되 이것을 여기서 가져가라 내 아버지의 집으로 장사하는 집을 만들지 말라 하시니"(요 2:15-16)

미가 선지자는 이스라엘에 만연했던 신앙과 돈 사이의 불의한 관계를 적나라하게 지적하고 외쳤습니다.
"그들의 우두머리들은 뇌물을 위하여 재판하며 그들의 제사장은 삯을 위하여 교훈하며 그들의 선지자는 돈을 위하여 점을 치면서도 여호와를 의뢰하여 이르기를 여호와께서 우리 중에 계시지 아니하냐 재앙이 우리에게 임하지 아니하리라 하는도다"(미 3:11)

하지만 꼭 교회 안의 문제로만 국한할 수는 없습니다. 세상에서 행하는 경제적 불의도 다 포함됩니다. 기독교인들 중에는 이것을 놓치는 사람들이 많이 있습니다.

"불의로 그 집을 세우며 부정하게 그 다락방을 지으며 자기의 이웃을 고용하고 그의 품삯을 주지 아니하는 자에게 화 있을진저"(렘 22:13)

그리스도인이 재물을 필요 이상으로 축적하는 것을 자기 소유가 아닌 것을 모은 것이라고 하박국 선지자가 설파했습니다. 재물이 많으면 그 재물을 하나님의 나라를 위해 사용하면 되는 것입니다.

" … 화 있을진저 자기 소유 아닌 것을 모으는 자여 언제까지 이르겠느냐 볼모 잡은 것으로 무겁게 짐 진 자여"(합 2:6)

돈은 누구에게나 필요하지만 돈이 위주가 되어버리면 차츰 예수님은 사라지게 됩니다. 돈을 위해 교회를 이용하지는 않더라도, 신앙인이라면서 주님이 기준이 아니라 돈이 기준이 되어버린 상태라면 과연 예수님과 어떤 관계인지를 빨리 확인하시기 바랍니다. 주님을 위해 무엇을 하고 있습니까? 혹시 주님이 아니라 자기를 위해 신앙생활하고 있지는 않습니까? 처음으로 교회에 다니려고 하는데 혹시 이런 생각으로 믿으려고 한다면 바른 복음 안으로 들어오시기 바랍니다.

▸ 세상의 왕국을 만들려는 사람들입니다.

교회를 목회하든 사업을 하든 신앙운동을 하든 주님이 사라진 채 바벨 탑 쌓기에 분주한 사람들이 있습니다. 커지고 높아지고 넓어지는 데 온 힘을 쏟습니다. 하지만 하나님은 크기나 규모나 숫자나 세상적인 성공 여부에는 전혀 관심이 없으십니다. 그런 것들은 하나님께서 필요에 따라 하실 일이어야 하기 때문입니다. 바벨탑은 하나님께서 허물어버리십니다.

"서로 말하되 자, 벽돌을 만들어 견고히 굽자 하고 이에 벽돌로 돌을 대신하며 역청으로 진흙을 대신하고 또 말하되 자, 성읍과 탑을 건설하여 그 탑 꼭대기를 하늘에 닿게 하여 우리 이름을 내고 온 지면에 흩어짐을 면하자 하였더니"(창 11:3-4)

교회이건 사업이건 세상의 왕국을 세우려고 하는 것은 전부 하나님 앞에 바벨탑일 뿐입니다. 하나님은 세상의 왕국을 흩어버리십니다. 크기나 규모에 집착하게 되면 하나님의 관심에서 멀어질 뿐만 아니라 본인도 하나님을 배제

해 버리게 되는 것입니다.

"그러므로 그 이름을 바벨이라 하니 이는 여호와께서 거기서 온 땅의 언어를 혼잡하게 하셨음이니라 여호와께서 거기서 그들을 온 지면에 흩으셨더라"(창 11:9)

신앙인이 하나님이 받으셔야 할 영광을 받기를 원하면서 쌓아나가는 세상의 왕국은 하나님의 자리에까지 올라가려는 일이라고 말씀하십니다.

"너 아침의 아들 계명성이여 어찌 그리 하늘에서 떨어졌으며 너 열국을 엎은 자여 어찌 그리 땅에 찍혔는고 네가 네 마음에 이르기를 내가 하늘에 올라 하나님의 뭇 별 위에 내 자리를 높이리라 내가 북극 집회의 산 위에 앉으리라 가장 높은 구름에 올라가 지극히 높은 이와 같아지리라 하는도다"(사 14:12-14)

그리고 그렇게 쌓여진 세상의 왕국은 최후에는 지옥으로 떨어지게 되어 있습니다. 하나님으로까지 높아지려고 도전한 것이 되기 때문입니다.

"그러나 이제 네가 스올 곧 구덩이 맨 밑에 떨어짐을 당하리로다"(사 14:15)

세상의 왕국이란 이 땅에 소망을 두려는 사람들의 착각

에서 시작된 허상에 불과합니다. 기독교인은 세상의 왕국이 아니라 하나님의 나라를 이 땅에 만드는 일에 부르심 받은 사람들입니다. 하지만 이 땅의 하나님 나라는 저 영원한 천국으로 가는 징검다리일 뿐입니다. 결코 이 땅의 정치적, 국가적인 이상적 왕국에 최후의 목적이 있는 것이 아닙니다.

▸ 예수님의 부활을 부정하는 사람들입니다.

기독교는 예수님의 동정녀 탄생과 육체의 부활과 재림을 믿는 종교입니다. 이것은 예수님의 신성을 믿는 믿음인데 이것을 부인하면 기독교도 죄 사함도 거듭남도 구원도 성립될 수 없습니다.

"그리스도께서 만일 다시 살아나지 못하셨으면 우리가 전파하는 것도 헛것이요 또 너희 믿음도 헛것이며"(고전 15:14)

알다시피 예수님의 육체의 부활에 관해서는 수많은 증인들이 증언하고 있습니다. 가장 큰 증거는 지금도 신실한 기독교 신앙인들이 예수님의 부활을 믿고 있다는 것입니다. 예수님 부활하신 후 2천 년이 지났는데도 말입니다.

"내가 받은 것을 먼저 너희에게 전하였노니 이는 성경대로 그리스도께서 우리 죄를 위하여 죽으시고 장사 지낸 바 되셨다가 성경대로 사흘 만에 다시 살아나사 게바에게 보이시고 후에 열두 제자에게와 그 후에 오백여 형제에게 일시에 보이셨나니"(고전 15:3-6上)

또한 우리는 예수님께서 육체로 부활하신 것처럼 성도들도 최후에는 신령한 육체로 부활됨을 믿습니다. 새 하늘과 새 땅이 조성되고 새 예루살렘이 내려오기 전에 이 부활이 이루어지게 되어 있습니다.
"선한 일을 행한 자는 생명의 부활로, 악한 일을 행한 자는 심판의 부활로 나오리라"(요 5:29)

특히 예수님의 육체의 부활을 부인하는 것은 성도들로 하여금 그들의 믿음을 무너지게 만드는 죄입니다. 이것은 마귀의 일과 동일한 것입니다.
"진리에 관하여는 그들이 그릇되었도다 부활이 이미 지나갔다 함으로 어떤 사람들의 믿음을 무너뜨리느니라"(딤후 2:18)

예수님의 부활을 믿고 싶으나 믿어지지 않아서 못 믿는 사람들도 있지만, 부활을 교묘하게 거짓으로 만드는 사람들도 있습니다. 그들은 예수님의 부활 자체가 중요한 것이 아니라 부활신앙으로 살아가는 것이 더 중요하다는 식으로 주장합니다. 그것은 예수님의 육체의 부활은 없다는 말과 똑같은 주장입니다.

예수님의 육체의 부활을 부정한다는 말은 예수님의 신성을 부인하고 예수님을 혁명가, 사회운동가로만 인정하여 예수님의 사상을 따라 활동하는 것을 의미합니다. 예수님을 구원자로 받아들이지 않으면 단지 세상을 이상적인 세계로 만들기 위해 예수님을 이용하는 것 밖에는 안 되는 것입니다. 이런 생각을 가지고 있는 분들은 빨리 살아계신 예수님을 만나야 합니다.

▶ **종교다원주의, 종교통합운동입니다.**

종교다원주의란 예수님 이외에 다른 종교나 행위로도 구원을 받을 수 있다는 사상입니다. 이 종교다원주의는 계몽주의와 자유주의 신학을 통하여 이미 오래 전부터 나타나 사람들을 미혹하고 있습니다. 하지만 구원을 주실 수 있는 분은 예수님 밖에 없습니다.

"다른 이로써는 구원을 받을 수 없나니 천하 사람 중에 구원을 받을 만한 다른 이름을 우리에게 주신 일이 없음이라 하였더라"(행 4:12)

종교통합주의란 여러 종교들이 하나가 되어서 세상을 조화롭게 만들고 이상적인 체제를 만들자는 운동입니다. 그러나 하나님 이외의 종교들과 신앙적으로 연합하거나 통합하는 일은 하나님을 배반하는 일입니다. 물론 기독교 통합운동을 무조건 배교자들로 몰아가는 것은 몹시 위험한 일입니다. 다만 기독교통합운동이라고 하면서 혹시 타 종교와의 통합운동까지 벌인다면 그것은 종교통합운동이 될 것입니다.

"너희는 믿지 않는 자와 멍에를 함께 메지 말라 의와 불법이 어찌 함께 하며 빛과 어둠이 어찌 사귀며 그리스도와 벨리알이 어찌 조화되며 믿는 자와 믿지 않는 자가 어찌 상관하며 하나님의 성전과 우상이 어찌 일치가 되리요 우리는 살아 계신 하나님의 성전이라"(고후 6:14-16)

하나님은 종교다원주의나 종교통합주의를 용납하실 수 없습니다. 그런 운동들은 모두 사탄의 궤계일 뿐입니다. 하나님과 마귀를 동시에 섬길 수는 없습니다.

"큰 용이 내쫓기니 옛 뱀 곧 마귀라고도 하고 사탄이라고도 하며 온 천하를 꾀는 자라 그가 땅으로 내쫓기니 그의 사자들도 그와 함께 내쫓기니라"(계 12:9)

여호와 하나님 신앙과 우상숭배를 섞으려고 한다면 여

호와의 질투심으로 멸망시킬 수밖에 없게 됩니다. 타종교와의 대화라는 것도 극히 조심해야 하겠지만, 타종교와 함께 예배하는 행위는 하나님께서 결코 용납하지 않으실 것입니다.

"제사장 아론의 손자 엘르아살의 아들 비느하스가 내 질투심으로 질투하여 이스라엘 자손 중에서 내 노를 돌이켜서 내 질투심으로 그들을 소멸하지 않게 하였도다"(민 25:11)

종교다원주의나 종교통합운동을 지지하거나 주관하거나 참여하는 단체나 사람에게는 하나님께서 마치 신사참배와 같은 죄를 물으실 것입니다.

"예수께서 이르시되 내가 곧 길이요 진리요 생명이니 나로 말미암지 않고는 아버지께로 올 자가 없느니라"(요 14:6)

이 글을 읽는 분들 중에도 종교다원주의, 종교통합운동에 속하여 있거나 지지하는 사람들이 있을 것이고 또 소속되어 있기는 하지만 그런 사상이나 운동에는 반대하는 사람들도 있을 것입니다. 분명한 것은 기독교 복음은 유일신 여호와 하나님만을 진심으로 섬기는 일이라는 것입니다.

6. 지옥에는 절대 가면 안 된다.

- 당신의 영혼을 들여다보십시오.
- 현실 속의 지옥과 사후의 지옥
- 천국에 가면 됩니다.
- 기독교인들도 지옥 경고를 받아야 합니다.
- 기독교인의 정체성을 확립해야 합니다.
- 신앙의 바리새인화를 막아야 합니다.
- 세상의 도덕 기준을 철저하게 지켜야 합니다.
- 명예가 아니라 하나님의 뜻을 구해야 합니다.

지옥은 과연 있을까요? 아니, 그 이전에 인간은 영이 있어서 육체가 사망해도 또 다른 세계에서 차원이 다른 삶을 영위하게 되는 것일까요? 물론 이 책에서는 그런 주제로 이야기를 전개한 것은 아닙니다. 일단 영혼이 존재하며 영혼의 세계와 사후의 세계가 있다는 것을 전제로 하고 있으니까요. 소위 윤회설이라는 동양사상도 있고, 죽은 사람의 영혼이 마음대로 현실세계에서 영향력을 미치고 있다는 귀신론도 있으며, 심지어 짐승들도 이 땅에서 귀신으로 살아나 활동을 한다는 심령과학이라는 것도 있습니다.

물론 이런 주장 또는 사상들은 나름대로 일정한 근거를 가지고 있고 실존하는 사람들에게 다소 영향력을 끼치기도 합니다. 하지만 우리는 모든 만물들에 시작과 끝이 있다는 일반적인 사실을 전제로 하여 영혼의 시작과 마지막을 주관하시는 전능자가 있다는 것을 믿고 있습니다. 인간의 육신 속에 언제 영혼이 부여되는지에 관해서는 정확하게 알 수 없지만, 육신이 사라진 이후에도 여전히 전능자의 주관 아래 영혼이 계속하여 존재한다는 사실을 믿고 있는 것입니다.

▸ **당신의 영혼을 들여다보십시오.**

우리의 영혼은 어디에서 왔을까요? 우리가 보통 내 몸, 내 마음, 내 손과 발 등을 말하지만 내 영혼이란 어디에 있는 것일까요? 곧 '나'라는 주어가 빠지면 영혼도 아무 것도 남지 않게 되는 것입니다. 그 영혼마저도 사라진다면 '나'라는 존재는 온 우주에서 완전히 사라져버리게 되는 것입니다. 그러므로 '나'라는 존재는 곧 '내 영혼'이라는 사실을 믿어야 합니다. '나'란 곧 내 영혼인 것입니다. 그러므로 죽으면 아무 것도 남지 않고 다 사라지는 것이 결코 아닙니다.

그렇다면 이 책에서 언급하고 있듯이 사후에 그 영혼이 어떻게 될 것인가에 귀를 기울여보아야 하지 않겠습니까? 정말로 오랫 옛날부터 기독교에서 말하는 그런 천국과 지옥이 있다고 생각하지 않습니까? 천국에 대해서 생각해 보십시오. 우리가 살면서 정말 천국을 경험한 적은 없었을까요? 모든 것을 다 주어도 아깝지 않을 것만 같은 그런 순간들을 겪어보지 않으셨나요? 그런 행복한 순간이 영원토록 지속되었으면 좋겠다고 생각한 적은 없었나요? 그렇게 순간적인 행복을 영원히 누릴 수 있는 곳이 바로 천국인 것입니다.

그렇다면 지옥에 대해서 한 번 생각해 보시기 바랍니다.

마찬가지로 가장 불행했던 순간을 떠올려보십시오. 그런 불행은 단 한 순간이라도 맛보고 싶지 않을 것입니다. 불행한 순간이 별로 없었던 분이라면 가장 고통스러웠을 때를 떠올려보시기 바랍니다. 사고가 났을 때, 크게 다쳤을 때, 아니면 치과 치료를 받을 때를 생각해 보시기 바랍니다. 얼마나 견디기 힘든 고통입니까? 그런데 그 고통이 오랫동안 지속된다고 생각하면 얼마나 끔찍하겠습니까? 그 고통이 영원토록 지속되는 곳이 있다면 그런 곳에 대해서는 생각조차 하기 싫을 것이고 심지어는 두려움에 몸을 떨 정도까지도 될 것입니다.

사실 이 지옥에 관한 보고는 빨리 마치고 싶었습니다. 머릿속에서 상상하기가 싫었습니다. 그래서 어쩌면 더 상세하게 보고할 수도 있었는데 이 정도에서 그친 것인지도 모르겠습니다. 그런데 말입니다. 우리 개인의 고통을 떠나서 인류 역사에서 이 지옥이었던, 어쩌면 지옥보다 더 고통스러웠던 현장을 인간들은 무수하게 경험한 터였습니다. 아우슈비츠 수용소의 가스실을 상상해보면 얼마나 끔찍한 광경이었겠습니까? 캄보디아의 킬링필드는 또 얼마나 참혹했겠습니까? 역사에서 영웅시하는 정복자들이 일으킨 전쟁의 모습을 상상해보면 결코 아우슈비츠나 킬링필드보다 더하면 더했지 덜하지는 않을 것입니다.

▸ 현실 속의 지옥과 사후의 지옥

여기에서 한 가지 질문을 드리고 싶습니다. 가스실이나 킬링필드와 지옥을 비교해보시기 바랍니다. 상상하기조차 싫은 모습이지만 인류 최악의 끔찍하고 참혹한 상태라도 지옥보다는 덜할 것입니다. 물론 수천 수만의 사람들이 피를 흘리고 사지가 잘려나가고 죽어 널부러져 있는 그런 상황은 지옥보다 더할지도 모르겠습니다. 그러나 거기에서 느낄 수밖에 없는 수많은 사람들의 고통과 비명소리, 그 공포와 두려움을 생각해본다면, 그것은 지옥과는 비교조차 할 수 없을 것입니다. 참혹한 현장에서는 죽음에 이르기까지의 고통과 큰 괴로움은 오래 걸리지 않지만 지옥에서의 고통과 비명은 영원토록 지속되는 것입니다.

내가 육체적으로 죽었을 때 내 영혼이 그런 지옥에 가 있을지도 모른다고 생각해 보십시오. 그럴 가능성이 제로가 아닌 다음에야 그런 곳은 절대로 피하려고 할 것입니다. 지옥이 없는 것이 확실합니까? 지옥이 없다고 100% 확신하고 있습니까? 만약에 지옥이 정말로 있다면 어떻게 하시겠습니까? 물론 지옥은 분명히 있습니다. 그것이 세상 이치에도 맞습니다.

이 세상에서 착하게 산 사람이든 악하게 산 사람이든 아무 보상도 심판도 없다면 그것처럼 불공평한 인생이 어디에 있습니까? 세상에서는 불공평한 것이 너무나도 많이 있지만 사후의 영혼과 연결되어 있다고 생각할 때 그런 불공평은 사라지게 될 것입니다. 물론 사람이 보는 공평의 기준과 하나님께서 보시는 공평의 기준은 차이가 많이 납니다만, 아무튼 살아있을 때의 모든 행위는 반드시 반대급부가 있다는 사실을 생각해야 하겠습니다.

그래서 우리는 정말로 지옥에 가지 말아야 합니다. 이 세상에서 다른 많은 것을 빼앗기더라도 지옥에만큼은 가지 말아야 합니다. 무슨 큰 잘못을 해야 지옥에 가는 것이 아닌 이상 우리는 근본적인 구원에 대해 생각해야 하는 것입니다. 그러면 어떻게 하면 지옥에 가지 않을 수 있겠습니까? 이 질문에 대한 답변은 이미 앞에서 서술한 내용들 중에 명백하게 제시되어 있습니다. 하지만 지옥에 대한 경각심을 높이기 위해 핵심을 다시 짚어보겠습니다.

▸ **천국에 가면 됩니다.**

당연한 말이지만 지옥에 가지 않으려면 천국으로 가면 됩니다. 왜냐하면 천국에 가지 못하는 모든 사람들이 지옥에 가기 때문입니다. 사람은 죽으면 천국 아니면 지옥으로 가게 되어 있습니다.

"또 천국은 마치 바다에 치고 각종 물고기를 모는 그물과 같으니 그물에 가득하매 물 가로 끌어내고 앉아서 좋은 것은 그릇에 담고 못된 것은 내버리느니라 세상 끝에도 이러하리라 천사들이 와서 의인 중에서 악인을 갈라내어 풀무 불에 던져 넣으리니 거기서 울며 이를 갈리라"(마 13:47-50)

"그들은 영벌에, 의인들은 영생에 들어가리라 하시니라"(마 25:46)

천국이란 결국 하나님과의 관계가 천상에서 더욱 완전해지는 세계를 뜻합니다.

"믿음으로 에녹은 죽음을 보지 않고 옮겨졌으니 하나님이 그를 옮기심으로 다시 보이지 아니하였느니라 그는 옮겨지기 전에 하나님을 기쁘시게 하는 자라 하는 증거를 받았느니라"(히 11:5)

지옥에 가지 않으려면 천국에 가는 일을 최우선적으로 삼고 어린아이처럼 믿으며 자신의 모든 소유를 다 팔아서라도 천국에 가기 위해 힘써야 합니다.

"천국은 마치 밭에 감추인 보화와 같으니 사람이 이를

발견한 후 숨겨 두고 기뻐하며 돌아가서 자기의 소유를 다 팔아 그 밭을 사느니라"(마 13:44)

"내가 진실로 너희에게 이르노니 누구든지 하나님의 나라를 어린아이와 같이 받들지 않는 자는 결단코 그 곳에 들어가지 못하리라 하시고"(막 10:15)

물론 이 땅에서도 천국을 누릴 수 있어야 합니다. 그것은 삶 속에서 예수님을 나타내는 일입니다.

"나더러 주여 주여 하는 자마다 다 천국에 들어갈 것이 아니요 다만 하늘에 계신 내 아버지의 뜻대로 행하는 자라야 들어가리라"(마 7:21)

아직 하나님을 믿지 못하는 사람들은 다른 교인의 권면이나 전도나 또는 본 책자를 읽으면서 기회를 잃어버리지 않도록 해야 합니다. 왜냐하면 하나님께서는 주변의 사람들이나 환경을 통하여 끊임없이 말씀하시고 권면하시기 때문입니다. 하나님 앞에서 우연이란 없으며, 지금 이 글을 읽고 있다면 그것 역시 하나님께서 직접 말씀하시는 것임을 알아야 할 것입니다. 그 길만이 지옥으로 떨어지지 않을 수 있는 유일한 길입니다.

▶ **기독교인들도 지옥 경고를 받아야 합니다.**

교회에 다니는 사람들은 당연히 지옥을 가지 않으리라고 생각하겠지만, 예수님을 영접하여 신앙생활을 잘 하는 사람들 중에서도 겉으로 표현은 안 해도 지옥의 존재를 인정하지 못하는 분도 있을 것입니다. 하지만 예수님을 구주로 영접하고 성경을 하나님의 말씀으로 믿는 사람들이라면 당연히 지옥의 존재도 믿어야 합니다. 성경의 다른 부분은 다 믿으면서 특정 부분만 믿지 못한다면 그것도 문제일 것입니다.

지옥에 가지 않으려면 물론 예수님을 믿으면 됩니다. 죄 사함을 받고 거듭나고 성령을 받아야 합니다. 사실은 다 같은 의미를 지니고 있습니다. 그럼에도 불구하고 각각의 현상을 통해 나타나는 모습들은 다양할 수 있습니다. 죄 사함 받은 사람에게는 기쁨과 평안이 느껴지고 죄에 대해 자유로워집니다. 혹시 작은 죄를 지어도 예수님 앞에 회개할 수 있게 됩니다. 그리고 죄에 대해서 반응하게 되어 있습니다. 거듭나는 현상도 동일한 의미를 지니지만 일단 하나님의 법을 따르게 됩니다. 세상을 향해 달려가던 모습에서 하나님께로 방향을 바꾸게 됩니다. 성경말씀이 귀에 들리게 됩니다.

예수님을 믿는다고 할 때 그것은 예수님 중심의 삶이 된다는 것을 의미합니다. 예수님의 말씀대로 살려고 결단하는 것이 됩니다. 하나님의 뜻을 생각하고 고민하게 됩니다. 성령님을 받아야 한다고 할 때도 사실은 예수 믿는 순간에 이미 성령님을 받은 것입니다. 성령님이 아니시면 죄 사함도 거듭남도 예수님을 믿음도 불가능하기 때문입니다. 성령님을 받는다는 말은 마음속에 들어와 계신 성령님의 감동을 따라 행동하려고 애를 쓰게 된다는 것입니다.

사실 성도에게 있어서 구원의 확신, 천국에 간다는 확신은 단순한 문제는 아니지만, 죄 사함, 거듭남, 영접, 성령님의 임재 등에서 각각 드러나는 현상들을 자신의 믿음과 비교해서 더욱 확신 있는 신앙생활을 할 수 있고, 구원의 확신이 뚜렷하지 않으면 회개하고 기도하여 지옥 가는 길에서 빨리 벗어나야 하겠습니다.

이하 몇 가지 권면을 제시하고자 합니다. 이 권면은 이미 교회에 다니면서 신앙생활을 하는 사람들을 대상으로 하고 있지만, 아직 하나님을 믿지 않는 분일지라도 참된 기독교란 어떤 것인가를 생각할 수 있게 하므로 찬찬히 읽으면 많이 유익하리라 생각합니다.

▸ **기독교인의 정체성을 확립해야 합니다.**

먼저 기독교인이란 어떤 사람들인가에 대한 간략한 정리가 있어야 하겠습니다. 사람들이 받아들이건 받아들이지 못하건 기독교인은 복음을 진리로 믿고 있는 사람들입니다. 진리로 믿고 있다면 그것은 그 사람의 인생의 중심 줄기를 형성하고 있어야 하고 그런 원리를 따라 삶을 살아가려고 애를 쓰게 될 것입니다. 지옥과 천국에 관해서도 마찬가지입니다. 믿으면 천국이요 믿지 않으면 지옥으로 떨어진다는 명백한 사실을 확신하고 있는 사람이라면 자기 확신에 걸맞는 행동을 보여주는 것이 정상적일 것입니다.

그런데 분명히 천국을 믿고 있고 죄 사함과 거듭남과 성령의 임재와 예수님의 제자로서의 삶을 살아야 한다는 사실을 인정하면서도 하나님을 모르는 사람들과 똑같은 목적과 방식으로 살아간다면 그 사람은 과연 예수님의 제자가 맞을까요? 또는 그런 의식 전혀 없이 변화되지 못한 모습으로 그저 천국 안전장치 설치하듯이 무미건조한 신앙생활을 지속하고 있다면 그 사람은 과연 천국백성이 맞는 것일까요?

예수님은 신앙인들이 자기 정체성을 뚜렷하게 할 것을 요구하십니다. 그래야 제자로서의 삶이 힘을 얻고 세상을 이길 수 있게 되기 때문입니다. 뜨겁지도 않고 차갑지도 않은 신앙은 차가운 신앙 곧 구원이 없는 신앙이라는 뜻입니다. 그래서 그런 신앙은 토해버리신다고 경고하고 계십니다.

"내가 네 행위를 아노니 네가 차지도 아니하고 뜨겁지도 아니하도다 네가 차든지 뜨겁든지 하기를 원하노라 네가 이같이 미지근하여 뜨겁지도 아니하고 차지도 아니하니 내 입에서 너를 토하여 버리리라"(계 3:15-16)

물론 일시적으로 상처를 받거나 힘을 잃어 무기력한 신앙생활을 할 때도 있습니다. 그러나 마치 병을 고친 후에는 건강을 되찾듯이 곧바로 뜨거운 신앙생활을 되찾을 수 있습니다. 신앙인이 처음부터 끝까지 뜨거운 열정을 똑같이 유지하기는 힘듭니다. 하지만 최대한 열정적으로 신앙생활을 할 수 있도록 영적 생활을 게을리 하지 않으면 많은 열매들을 거둘 수 있을 것입니다.

▸ **신앙의 바리새인화를 막아야 합니다.**

그런데 그렇게 신앙생활, 교회생활을 열심히 뜨겁게 하는 것만으로 충분한 것은 아닙니다. 열심이 있어도 방향이 잘못될 수도 있고, 성경을 잘 알지만 단지 지적인 동의로만 그칠 수도 있고, 봉사를 열심히 해도 자기 자랑을 위한 일이 될 수도 있으며, 전도를 열심히 해도 전도 실적을 위해 하는 일들이라면 거기에는 성령님이 임하지 않으실 것이고 상급도 주어지지 않을 것입니다. 바리새인들이 그렇지 않았습니까? 그런데 안타까운 것은 바리새인들은 자기들의 신앙의 실체를 모르고 있었다는 점입니다.

그래서 우리는 바리새인화 되는 현상을 살펴볼 필요가 있습니다. 어쩌면 오늘날 기독교 지도자들 가운데 바리새인처럼 되어버린 사람들도 많이 눈에 띄는 것 같습니다. 쉽게 말해서 종교화되고 세력화되고 율법화되었다고 할 수 있을까요? 착각하면 안 됩니다. 목사로 사역하고 있다고 해서 다 천국에 가는 것은 아닙니다. 장로라고 권사라고 모두 천국에 갈 수 있는 것은 아닙니다. 하나님이 보시기에 지옥에 가야 할 사람이면서도 스스로는 천국에 반드시 간다고 착각하는 사람들 때문에 많은 문제가 생기는 것이 아니겠습니까?

신앙 지도자들의 예를 들면 사역을 재산 불리는 수단으로 생각하는 사람들, 어떤 식으로든 돈을 버는 일에 밝은 사람들, 지나치게 권위적이어서 자신을 거의 신격화하는 사람들, 불법과 부정으로 사회의 법을 무시하는 사람들,

버릴 줄 모르고 명성을 쌓기만 하는 사람들, 성도들을 억압하고 협박하는 사람들, 다른 교회보다 크게 만들려는 사람들, 목사들 간에 서로 경쟁하고 우두머리싸움 하고 세속적인 문제로 다투는 사람들, 이런 지도자들은 대개 바리새인화된 지도자들입니다. 만약에 이런 경우에 포함되어 있을지도 모른다고 생각되는 분들은 모든 것 다 내려놓고 빨리 회개하고 하나님께 바짝 엎드려야 합니다. 지옥의 두려움이 거기에서 벗어날 수 있게 해 줄 것입니다.

이런 죄악들은 겉으로 드러나는 하나의 현상들일 뿐입니다. 물론 우리는 그런 현상들을 보고 영적으로 진단하기도 합니다만, 정확하게 천국행이다 지옥행이다 판단을 내릴 수는 없습니다. 믿음이 연약한데도 자라지 못한 채 목회를 하다가 보면 그렇게 될 수도 있습니다. 하지만 그런 모습들은 동시에 거듭나지 못한 사람이라는 증거가 될 수도 있기 때문에 스스로를 자주 돌아보아 회개하거나 아니면 성숙해질 수 있도록 애를 써야 하는 것입니다.

일반 성도의 경우에는 거듭나지 못한 증거일지도 모르는 현상으로 어떤 것들을 들 수 있을까요? 기본적으로는 동일한 영적 원리가 적용되어야 합니다. 삶의 목적 자체가 자신이나 가족들의 성공이나 번영에 초점을 두고 살아가는 사람이라면 어쩌면 거듭나지 못한 사람일 수도 있습니다.

▸ 세상의 도덕기준을 철저하게 지켜야 합니다.

 기독교인이라고 하면서 세상의 불법과 불의를 그대로 따라간다든가 삶의 방식이 약육강식의 원리에 충실한 것처럼 보인다든가 이웃의 어려움에 대해 거의 동정하지 않고 무관심하다거나 일 주일 내내 교회는 전혀 생각나지 않고 오로지 돈 버는 일에만 몰두하는 일이 오래 되었다거나 하는 모습들도 어쩌면 거듭나지 못한 증거일 수도 있습니다.

 사실 그런 일들은 일일이 예를 들지 않아도 수시로 접할 수 있는 보통의 이야기들일 뿐입니다. 그런데 그것이 거듭나지 못한 증거일지도 모른다고 하면 아마 누구나 불같이 화를 낼지도 모르겠습니다. 천국에 가는 것과는 관계없는 일이라고 항변할지도 모르겠습니다. 물론 이미 거듭났으면서도 미성숙하여 그런 모습이 드러날 수도 있습니다만, 어쩌면 예수님과 관계없는 사람이라는 증거가 될 수도 있기 때문에 스스로를 돌아보아야 한다는 것입니다.

기독교가 성도들에게 도덕적인 주문을 너무 약하게 하기 때문에 오히려 세상보다도 더 비도덕적인 현상들이 교회 안에서 간혹 일어나고는 합니다만, 이제는 교회가 세상의 도덕적인 기준이 되어야 한다는 의식을 새기게 해야 할 것 같습니다. 비도덕적인 몇 가지 행위 때문에 지옥에 가는 것은 아닙니다. 만약에 그렇다면 또한 어떤 행위를 따라 천국으로 갈 수 있게 되어버리기 때문입니다.

하지만 그런 비도덕적인 행위들은 거듭나지 못한 믿음의 증거가 될 수 있을 뿐 아니라 세상에서 교회가 비난당하는 일의 단초가 되기 때문에, 거듭났지만 미숙해서 그렇게 된 것이든 아직 예수님을 믿지 못해서 그렇게 된 것이든 빨리 벗어나야 합니다. 그래야 교회도 성도들도 본인도 참된 신앙인이 될 수 있을 것입니다.

거듭나지 못한 증거들로 추정할 수 있는 현상들을 이야기하고 그들은 저 무서운 지옥으로 떨어질지 모른다는 경고를 거듭 강조함으로써 빨리 돌이키게 하는 것이 이 책의 목적 중의 하나입니다. 미숙한 신앙이면 더욱 더 열심을 내고, 거듭나지 못한 사람이라면 회개하고 바른 믿음을 가질 수 있기를 원하는 것입니다.

▸ 명예가 아니라 하나님의 뜻을 구해야 합니다.

사람은 누구나 명예욕이라는 것을 가지고 있습니다. 사람들로부터 인정을 받고 높임 받고 싶은 욕구입니다. 그래서 사람들은 자랑을 하는 것입니다.

"사람들이 자기를 사랑하며 돈을 사랑하며 자랑하며 교만하며 비방하며 부모를 거역하며 감사하지 아니하며 거룩하지 아니하며"(딤후 3:2)

그래서 예수님을 믿은 후에도 수시로 자기 자랑이 나오게 되고 그것으로 명예를 얻으려고 합니다. 하지만 그래서 하나님은 행위로 자랑하지 못하게 하시려고 행위가 아니라 믿음으로 구원받게 하셨습니다.

"그러므로 구제할 때에 외식하는 자가 사람에게서 영광을 받으려고 회당과 거리에서 하는 것 같이 너희 앞에 나팔을 불지 말라 진실로 너희에게 이르노니 그들은 자기 상을 이미 받았느니라"(마 6:2)

"너희는 그 은혜에 의하여 믿음으로 말미암아 구원을 받았으니 이것은 너희에게서 난 것이 아니요 하나님의 선물이라 행위에서 난 것이 아니니 이는 누구든지 자랑하지 못하게 함이라"(엡 2:8-9)

그럼에도 불구하고 믿음 안에서도 자랑하고 명예를 얻으려 하지만 그것은 헛된 영광일 뿐입니다. 그리고 그 헛된 영광을 구하는 행위는 하나님의 영광을 가로채는 악한 행위입니다.

"헛된 영광을 구하여 서로 노엽게 하거나 서로 투기하지 말지니라"(갈 5:26)

"그들은 사람의 영광을 하나님의 영광보다 더 사랑하였더라"(요 12:43)

교회에서 자기 명예를 버리지 못하는 사람이나 교회를 이용해 명예를 얻으려는 사람들은 명예를 다 버려야 하나님으로부터 오는 진정한 명예를 얻을 수 있습니다. 명예, 자존심, 이름값 등에 연연하고 있다면 성도라는 명예를 살리기 위해 빨리 회개하고 점검해야 합니다. 그렇지 않으면 그 사람도 어쩔 수 없이 지옥으로 갈 수밖에 없습니다.

하나님을 믿는 사람들이든 믿지 않는 사람들이든 지옥에 대한 경각심을 가져야 합니다. 회개하지 않고 하나님을 안 믿는 사람들은 필연적으로 지옥으로 떨어질 수밖에 없지만, 하나님을 믿으면서 스스로는 천국행을 확신하는데 사실은 지옥으로 갈 사람들도 많이 있습니다. 이들은 자신의 천국행에 대해 심각한 오해를 하고 있는 사람들입니다.

지옥으로 떨어지지 않고 천국에 가려면 아버지의 뜻대로 행하는 성도가 되어야 하는 것입니다. 하나님 사랑과 이웃 사랑을 마음으로부터 실천하는 것이 하나님 아버지의 뜻입니다.

"나더러 주여 주여 하는 자마다 다 천국에 들어갈 것이 아니요 다만 하늘에 계신 내 아버지의 뜻대로 행하는 자라야 들어가리라 그 날에 많은 사람이 나더러 이르되 주여 주여 우리가 주의 이름으로 선지자 노릇 하며 주의 이름으로 귀신을 쫓아내며 주의 이름으로 많은 권능을 행하지 아니하였나이까 하리니 그 때에 내가 그들에게 밝히 말하되 내가 너희를 도무지 알지 못하니 불법을 행하는 자들아 내게서 떠나가라 하리라"(마 7:21-23)